U0936930

珍藏本·增订本

纪念版

汉译世界学术名著丛书

权威的性质与功能

〔法〕耶夫·西蒙　著

吴彦　译

Yves Simon

NATURE AND FUNCTIONS OF AUTHORITY

根据马凯特大学出版社 1940 年版译出

耶夫·西蒙(Yves Simon)

1903—1961

汉译世界学术名著丛书
（120 年纪念版・珍藏本）
增订本出版说明

2017 年 10 月，为纪念商务印书馆创立 120 周年，本馆推出“汉译世界学术名著丛书”（120 年纪念版・珍藏本），计七百种。近五六年来，仰赖学界同人倾力支持，订正旧译，增补新译，拓展新著，积累日多。为满足读者需要，本馆在七百种的基础上，继续推出“汉译世界学术名著丛书”（120 年纪念版・珍藏本・增订本）三百种。至此，“汉译世界学术名著丛书”累计出版已达千种。

今后，本馆将继续推进丛书的翻译出版工作，在积累单本名著的基础上陆续分辑刊行，汇印出版。为促进中外文明互鉴、推动我国学术发展，使“汉译世界学术名著丛书”这项对我国学术文化有基本建设意义的重大工程发挥更大作用，诚望海内外学术界、翻译界继续给予支持，帮助我们把这套丛书出得更好。

商务印书馆编辑部

2024 年 2 月

汉译世界学术名著丛书
（120 年纪念版·珍藏本）
出 版 说 明

2017 年 2 月 11 日，商务印书馆迎来 120 岁的生日。120 年前，商务印书馆前贤怀揣文化救国的理想，抱持“昌明教育，开启民智”的使命，立足本土，放眼寰宇，以出版为津梁，沟通中西，为中国、为世界提供最富智慧的思想文化成果。无论世事白云苍狗，潮流左右激荡，甚至战火硝烟弥漫，始终践行学术报国之志，无改初心。

迻译世界各国学术名著，即其一端。早在 20 世纪初年便出版《原富》《天演论》等影响至今的代表性著作，1950 年代后更致力于外国哲学和社会科学经典的译介，及至 1980 年代，辑为“汉译世界学术名著丛书”，汇涓为流，蔚为大观。丛书自 1981 年开始出版，历时三十余年，迄今已推出七百种，是我国现代出版史上规模最大、最为重要的学术翻译工程。

丛书所选之书，立场观点不囿于一派，学科领域不限于一门，皆为文明开启以来，各时代、各国家、各民族的思想与文化精粹，代表着人类已经到达过的精神境界。丛书系统译介世界学术经典，引领时代思想，为本土原创学术的发展提供丰富的文化滋养，为推动中国现代学术和现代化进程做出了突出的贡献。

为纪念商务印书馆成立120周年，我们整体推出“汉译世界学术名著丛书”120年纪念版的珍藏本，寄望既利于文化积累，又便于研读查考，同时向长期支持丛书出版的译者、编者和读者致以敬意。

两甲子后的今天，商务印书馆又站在了一个新的历史时间节点上。我们不仅要铭记先辈的身影和足迹，更须让我们的步伐充满新的时代精神。这是商务人代代相传的事业，更是与国家和民族的命运始终紧密相连的事业。我们责无旁贷，必须做好我们这代人的传承与创造，让我们的努力和成果不仅凝聚成民族文化的记忆，还能成为后来人可以接续的事业。唯此，才能不负前贤，无愧来者。

商务印书馆编辑部

2017年10月

目　　录

前　　言

马凯特大学亚里士多德学会(Aristotelian Society)每年都会邀请一位学者做一次讲座以纪念圣·托马斯·阿奎那。讲座的时间根据惯例通常安排在临近3月7日的那个星期天,也就是该学会的先贤亚里士多德的纪念日。这些讲座被命名为“阿奎那讲座”(Aquinas Lectures)。

1940年,亚里士多德学会有幸录制了一期耶夫·西蒙的讲座,他时任圣母大学的副教授。耶夫·西蒙于1903年出生于法国的瑟堡。并在1920年至1929年期间分别就读于巴黎天主教学院和巴黎大学。1930年至1938年,执教于法国里尔天主教大学,1938年至1947年开始执教于圣母大学。

西蒙先生是《哲学资料与教程》(巴黎, 1934—1938)这部文丛的主编;并且是诸多哲学杂志和政治学杂志的撰稿者,特别是巴黎的《哲学杂志》和圣母大学的《政治学评论》的撰稿者;西蒙先生还是以下作品的作者:《知识形而上学导论》(巴黎,1934)、《道德知识批判》(巴黎,1934)、《埃塞俄比亚运动与法国政治思想》(巴黎,1936)、《劳动三讲》(巴黎,1938)、《决定论研究》(比利时,1939)。

权威的性质与功能

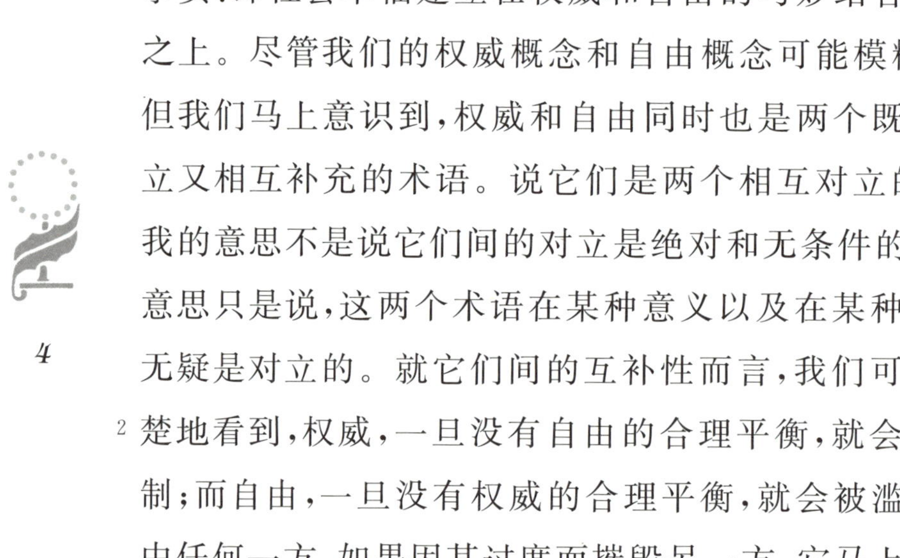

本文旨在呈现一个到目前为止还很不完善的研究的现实状况，尽管该研究我已着手多年了。为了明朗该研究的目的和精神，我将对激发该研究的各种问题做出具体阐释。这些问题源自我们的日常观察。除激进的无政府主义者之外，没有任何一个社会思想家曾质疑过如下事实：即社会幸福建立在权威和自由的巧妙结合的基础之上。尽管我们的权威概念和自由概念可能模糊不清，但我们马上意识到，权威和自由同时也是两个既相互对立又相互补充的术语。说它们是两个相互对立的术语，我的意思不是说它们间的对立是绝对和无条件的。我的意思只是说，这两个术语在某种意义以及在某种程度上无疑是对立的。就它们间的互补性而言，我们可以很清
2 楚地看到，权威，一旦没有自由的合理平衡，就会变成专制；而自由，一旦没有权威的合理平衡，就会被滥用。其中任何一方，如果因其过度而摧毁另一方，它马上也必将摧毁它自身。所以，不受限制的自由和不受约束的权威都是虚假的观念。两者都隐含着对于其自身的否定以及对于社会的消解。对于任何一个社会组织体而言，根本性问题在于如何正确地结合权威和自由这两个力量，这个说法绝非夸张。

就该问题的实践解决方法而言，责任人的社会德性

扮演着根本角色。无论我们所考察的共同体的范围是大是小，也不论它是家庭共同体、经济共同体还是政治共同体，共同体的幸福都取决于以下两个因素：一是共同体的领袖有能力准确地界定他的权威的合法界限，二是守法的人有能力承认他们的自由主张不能合理地超出一定界
限。我们的任务就在于探讨能够划定其行动领域之界限 3
的那种能力的本性。我们可以说，这种能力就在于一种特定形式的明智德性（the virtue of prudence），亦即一种实践智慧（就“智慧”一词的完整含义而言），并且这种能力是从仁慈、节制、正义以及意志所具有的各种有德性的倾向中生发出来的。

与所有其他准确意义上的明智相类似，领袖的明智以及其臣民的明智，在面对独一无二且不可还原的环境时，必须要做出一些无法被证实的判断。基于判断所针对之对象的偶然特性，以及基于这些判断在最终意义上受到各种隐秘的欲求力的支配这一事实，这些判断不免是模糊不清的。但明智绝不会满足于这种模糊状态。尽管我们无法抛弃通过明智来做决定而导致的模糊性，但
真正明智的人，即真正的行动者，希望用原则（principles） 4
来引导他的明智。真正的行动者非常清楚，宇宙的各种必然性包含在各种突发事件的偶然性中，对于这些必然

性的恰当理解可以帮助我们减少不确定的领域，真正的行动者渴望从那些熟知事物之普遍和必然法则的人那里获得在他的行动中能指引他自身的原则。

以下问题支配着我们对于权威的性质和功能的研究：我们试图准确界定在任何一种处境中权威和自由之比例的时候，我们是否有可能发现那些我们可以援引的原则？我希望读者注意，该问题的此种表述方式绝没有忽视明智探究（prudential inquiry）的不可或缺性。没有任何一门伦理科学，也没有任何一种诡辩，在涉及具体环境时，能教导领袖和臣民为了要维持权威和自由间的恰当关系而必须去做什么。哲学所能做的就是描述存在于

5 各种偶然事件中的必然法则；在一个由各种偶然性构成的环境中如何行动是一个只能通过明智德性才能得到解决的问题。

我们可以用一种略微不同但却更为具体的形式来表述支配着我们眼下这个研究的一般性问题。现代的政治意识和社会意识业已见证这样一种模糊的信念：亦即自由的进步和社会的进步是同步的，社会的进步归根到底就是自由的进步。这种将自由的进步和社会的进步等同起来的做法为那些自视为自由主义者或进步主义者的人所倡导；但同时，那些自视为保守主义者甚或反动主义者

的人几乎也不反对该提法。让人感到更为惊讶的是，那
些保守主义者，在大多数情形下，通常都喜欢指责进步主 6
义者、自由主义者甚至是革命主义者，说他们把社会进步的速度放得过快，以至于就该社会的目前状态而言，无法承受人们的自由诉求。因此，他们与自由主义者和进步主义者一样，都承认这样一个基本假设：社会的进步和自由的进步是一致的。在此，人们通常认为，自由的进步意味着权威的隐退；由此，社会的进步、自由的增进和权威的隐退这三者是同一的。把此三者等同起来到底意味着什么，同时其价值何在？只要我们能够勾勒出内含于权威和自由观念（作为两种既相互对立又相互补充的力量）中的原则，我们就可以解决这个问题。

尽管通过全面分析权威的功能才能获得一个令人满
意的权威定义，但在研究之初，一个建立在日常观念基础
上的临时定义对我们来讲是有助益的。我们把权威界定 7
如下：

> 权威是一种属于一个人并通过一种命令而得到实施的作用力(an active power)，该作用力通过被另一个拥有自由意志的人看作是行动规则的实践判断而得到实施。

该定义的第一个要素是权威的拥有者，他是一个人。在此，我们应当注意，没有任何一个权威可以采用一种非人格的不变之法的形式。当卢梭敦促教育者用“自然”而不是“人”来教导他的学生，要他们隶属于“物”而不是隶属于“人”，要用“不变之法”而不是用“人类意志的指令”来引导他们的时候；当他说孩子必须根据需要而不是根据服从而行动时，我们认识到，他为每一个反权威的教学法确立了基本公式。[①] 在此，我们可发现权威与法律这两个紧密相关的观念之间的差异。尽管法律的传统定义正
8 确地包含有这样一个要素——即法律是作为一个人或一个由诸多人构成的组织体的立法者所颁布的（per eum qui curam communitatis habet promulgata），但我们也可以在一种非人格的状态中设想法律（law）。[②] 这正是我们可以设想内在于非人格的物理事件过程中的自然规律（natural laws）的方式。与之相反，就权威观念而言，直接诉诸一种人格理智和人格意志却是他的核心要旨。

当我们说被称为权威的作用力指的是它是通过一个命令而实施的时候，我们实际上是区分了两个时常被混同在一起的观念：即权威观念和强制（coercion）观念。强制观念指的是对于某种物理性力量的运用。我们可以在一个人针对另一个人而实施的物理性作用中，找到强制

的典型例子；例如，在逮捕违法者或抵抗一支军队入侵的 9
时候。强制，作为一种会产生物理效果的因果过程，对立于说服（persuasion）；说服是一种会产生道德效果的因果过程，即在人的意志中引起某种特定的倾向。强制和说服都是权威的手段，它们两者都不可等同于权威本身。[3]

权威定义的第三个要素是**一种行为规则**。该要素意味着权威在本质上不是一个可以规定某个理论判断的原则。一个理论判断，即一个针对实在事物的判断，也就是一个断言事物之实然的判断，它的正确性在法理上应当完全取决于它的对象。如果该对象不是理论判断之规定性的唯一充分原则，那么这个理论判断就是有缺陷的。一旦必须要有一个与该对象不相关的原则介入，那么无论该原则是认知主体的意志还是主人的权威，通常都是因为认知理智存在某种缺陷。这并不意味着在理论秩序
中权威所扮演的角色并不重要；[4]它仅只意味着，就理论 10
判断的规定性而言，权威的功能只不过是辅助性的。

让我们来看看在各门科学中发生的事情。初学者被要求信赖他的导师并相信被教授的东西：初学者有必要去相信（oportet addiscentem credere）。好的导师并不希望他的学生盲目且死板地遵从他的一字一句。他希望他们尽可能地理解用以支撑他的证明的理据。只有当他们

能够看到他们目前暂时信赖的命题是真实的，他们才能成为科学家，而这才是做老师的目的。老师的权威只是暂时替代学生尚未知晓的理据，因为至少在很多情形下，他们能够在科学上把握科学真理——也就是把它作为一个确切无疑的对象——之前首先信赖这个科学真理是不可或缺的。

此外，让我们再来看看超自然信仰的特征，它基于上帝及其教会的权威，作为一种合意而被赋予某些在其下
11 无法获知的真理。从任何一个角度来看，超自然的信仰比任何一种理性知识都要准确和确定。然而，因为它意味着认同一种不可见的真理，所以它意味着一种不完善的状态；一旦神圣生活的各种神秘事物成为理智的确切对象，这种不完善的状态就会让位于完善的状态。信仰是永恒生活的开始，一旦完全拥有永恒生活，信仰就不再可能也没有必要。换言之，上帝及其教会的权威——它规定着信仰认同——就会取代神圣真理的理据，而正是这个神圣真理将在承诺的理想图景中使我们的理智变得更加美好。

最后让我们来看看权威在历史事件中的意义，也就是说，基于某个可信赖的见证者的权威而使我们相信一个实际发生的事件。在此，权威这个术语是在一种相对

宽泛的意义上被加以使用的，因为即便是那些可信赖的
见证者，严格来说，也没有权力强迫我们相信他们的说 12
法。另一方面，这种非严格意义上的权威只不过就是一
种无法通过我们自己来加以证实的事实的替代物。

为什么我们可以说一个人的行为受其他某个人而不
是他自己的理性的支配可能是一件好事，现在就让我们
来考察其理由。基于一个人无力支配其自身，受他人支
配是可取的甚至是必要的。对于小孩来讲就是这样的，
同时对于精神失常的人、弱智的人以及罪犯来讲也是这
样的，因为从法律角度来看，他们与小孩一样，都是未成
年人。一个未成年人被看成是一个无法支配*其自身*的
人，也就是说，为其提供正确的指令以便将其贯彻到行动
中，即便是针对他个人的目的，也需为其提供指令。一个
未成年人被看成是无法认识对他来讲是好的事物，这就
是为什么他在追求自己的善的过程中必须要有另一个人 13
来规导他的原因。未成年人无力支配其自身，即无力自
己追求适合于他自己的目的，通常都是基于某种缺失
(deficiency)。这种缺失可能是不自然的和不正常的，比
如在精神失常和弱智的人那里，由此，它就是最严格意义
上的匮乏(privation)，亦即一种恶。此外，这种缺失也可
能是自然的和正常的，比如在小孩子那里，此时，这种缺

失并不是一种恶,而仅仅只是一种宽泛意义上的匮乏。无论如何,未成年人这个观念通常表示缺乏一个人要成为一个完整意义上的人所应当具备的属性。父亲的规导式理性(governing reason)取代了孩子所拥有的尚未完全发展起来的理性;而一旦理性的运作在一个成年人那里受到了病理学上的阻碍,那么一个代表社会的机构就会用它的理性取代这个精神失常或弱智的人的有缺陷的理性。

因此,权威不仅在理论秩序中(该秩序并非权威的真正领地)拥有辅助性功能(substitutional functions),而且
14 在实践秩序中也拥有辅助性功能。但这里的问题是,权威是否拥有某种本质性功能(essential function);权威的必要性是否都源于某种缺失;权威的必要性是否以某个服从该权威的人的某种缺陷为基础。权威不拥有本质性功能而只拥有辅助性功能这个观念实际上非常普遍。在无政府主义者和自由主义理论家们那里,这种观念就极为流行。我们可以举出其中特别具有代表性的人物,比如普鲁东(Proudhon)和密尔(J.S.Mill)。对于普鲁东这样一个把“无政府主义是最好的治理方式”作为他的座右铭的人来讲,在家庭社会这个问题上竟然会极力主张一种比大多数传统理论更具权威主义特征的理论。普鲁东

极其反对解放妇女这个为他的那些社会主义的追随者们
所普遍支持的观念，其理由在于：根据他自己的心理学和
生理学理论，他认为从生理结构和心理结构上看妇女依
然是一个未成年人，她们无法提供自己对于自己的统
治[5]。与之相应，密尔在他那本著名的小册子《论自由》 15
（*On Liberty*）的开头就警告读者，他的理论并不适合原始
部落的人，而只适合高度文明化了的人，在此，理性的普
遍发展使得平常人都能够进行自我统治。

权威只具有辅助性功能这个假设，具有极为广泛的
后果，因为如果权威的必要性仅仅只是基于缺失，那么，
一旦这些使权威成为必要的缺失消失，权威也必定消失。
该假设并不意味着权威将完全消失：很显然，小孩永远不
会实现自我统治，而且也永远会存在一些精神失常和弱
智的人。该假设意味着，在一个社会中，有必要存在的权
威数量与该社会以及组成该社会的人和基本团体所达到
的完善程度成反比。在人类进步的理想阶段，权威的领 16
域将局限于对于孩童的治理。由此，进步的法则将采取
不对称的曲线形式，在它那个难以实现的阶段，权威将被
完全清除掉。

探查是否存在权威的本质性功能这样一种东西的最好方法就是考察由具有理智和完备善良意志的成年人组

成的共同体，并考察由该共同体的共同生活所提出的各项要求（一个仅由具备理智和善良意志的人组成的共同体并不是一个乌托邦式的幻想，只要我们设想一下非常小的共同体，比如一个由夫妻组成的共同体）。这个共同体尽管非常小，但该共同体的共同行动必须受制于约束其所有成员的决定。这些决定是如何做出的？它们可能是通过全体一致同意而做出的，但我们却无法保证必定
17 会达成这种一致。并不存在一个恒定的原则可永远保证人们会达成一致。该共同体中的任何一个成员都可能对采取共同行动的最好方式与他人发生分歧。假如分歧持续存在，那么或者是该共同体的联合行动将不复存在，或者是其中一种判断将占据上风，这就意味着某个人或由某些人组成的某个团体将被公认为拥有权威。我说的是**一个人或一个由一些人**组成的团体；因为那个将占据上风的判断可以由单个人发布，还可以通过整个共同体的多数决议发布，还可以通过选举出来的一群人的多数决议发布，就权威原则而言，这几者之间并无什么差别。

自此，我们已勾勒出权威的本质性功能：即确保一个联合起来的群体的联合行动。一个旨在实现一种只能通过共同行动才可能得到实现的共同善的群体，其行动必

须通过某个恒定的原则而被统一起来。这个原则正是我 18
们所谓的权威。

很显然，该理论的核心要旨是：在共同行动中永远都可能存在某种分歧，换言之，在上述情形中，一致同意完全是偶然和不确定的。这就是我们要在这里予以澄清的要点。基于这个目的，我们必须探究使一个判断可在诸多不同心灵之间进行交流的诸条件。在此，我们必须予以处理的问题就是有关判断之可被主体间化(intersubjectivability)的认识论问题。

科学判断的对象具有普遍性和明晰性，基于此，科学判断是最有可能被主体间化的一种判断。科学客观性这一特点是科学判断的互通性(communicability)的稳固基础。然而，我们应当注意，一种从应然角度来看可以无限制地被主体间化或可以互通的判断，实际上可能拥有一
种非常有限的主体间性。每一个被证实了的陈述本身就 19
拥有对于能获得每一个心智的认同的必要条件，但是为了使一个证明规定(determine)人们的认同，一个人首先必须能够跟随这个证明的过程。在此，在哲学的条件和实证科学的条件之间存在着某种差异，对此，所有哲学家都必须有充分意识。很多人，包括哲学家在内，都因如下明显事实而被拖累：即对于无论是从必然事实中推导出

来的东西还是被错误地当成是本质性的、必然性的东西，各种哲学流派永远都抱持不同意见。考虑到各个哲学命题在超出一群志同道合的人之外就不可能获得普遍接受这一事实，他们便做出如下推论：哲学论据从应然角度看并不具有可被主体间化的属性，由此，也不具有任何科学客观性。只有当我们阐明对于哲学问题的一种清晰理解所应具备的各种条件为何很少能够完全被满足，我们就可以很容易地避开这个颠覆性的推论。另一方面，实证科学，基于它在社会生活中所发挥的功能，希望获得尽可
20 能多的人的认同。实证科学家有目的地逗留在他的结论可以为其他科学家普遍接受的研究领域之内[6]。

一些正确且确定的陈述并不必然会获得一致同意，即便是在理想条件之下。这些陈述，尽管可能是合理的，但是从应然角度看却并不具有可被主体间化的属性，因为它们并不关涉某个必然且普遍的对象。这些陈述，尽管完全是正确的，但这并不能够使它们的正确性变得明晰。此种类型的陈述可能偶尔会为大多数人所接受，它们可能会获得那些对其感兴趣的人的普遍同意：这样一
21 种同意只是偶然的，并因此是不稳固的。任何一种缺乏明晰性的陈述，都缺乏一致同意的客观原则，即便是在最理想的条件下。

在这些很确定，但却缺乏“可被主体间化”(intersubjectivability)这一客观原则的判断中，最为典型的就是明智决定(prudential decisions)。由此，就让我们回想下明智理论的某些基本命题。

1. 就心灵而言，它拥有诸多倾向(dispositions)，诸如意见；这种倾向在本质上是不稳定的，它既可能导向错误，也可能导向真理。但是，心灵也拥有一些在本质上是稳定的，且只能导向真理的倾向(诸如科学)。像科学这样一种理智习性是一项不会犯错误的确定性原则。当然，科学不会犯错只是一种本质上的不犯错误，因此它与偶尔的错误显然是相兼容的。科学不会犯错，犯错的是科学家。科学家不是因为科学而犯错，而是因为他的科学知识的不完备而犯错。同样的，正直的人(just man)偶 22
尔也会违背正义而作恶。之所以出现这样的情形是因为他只是一个不是完全正直的人。

2. 从根本意义上看，明智问题可表述如下：在伦理知识领域中，就其完全实践的方面而言，我们是否能够确保一种在本性上是稳定的理智规定性(intellectual determination)，这意味着它与科学一样只会导向真理？当我们扪心自问，此时此地，为了表现良好，就我目前这个样子而言——也就是说，处在这些具体的和不可更新

的环境中的我自己的人格以及只属于我的历史——我必须做什么的时候，我怀疑是否可能通过心灵的某种稳定的规定性、即通过某种本质上不会犯错的确定性原则来回答上述问题。

有关道德良知心理学的某些最普遍的考察可以给予我们一些非常有意义的建议。当一个人经过最符合良知和最真诚的考量而做出一个决定的时候，他知道他的这个决定是一个好的决定，他知道这个决定在某种意义上是正确无疑的，同时他也知道无论这个决定的实际后果是什么，它的合理性是不可能站不住脚的。让我们来看
23 看一个简单且熟悉的例子：一个家庭的家长决定在暑期跟他的家人一起去海边旅游。因为就管理这个家庭来讲这并非一件无关紧要的事情，所以这个决定是经由深思熟虑的：通过考虑他的经济状况、他的事业状况以及海风给身心带来的各种好处，这个诚实的人得出结论认为：这次旅行对他的家庭来讲是好的，同时做出这个决定也是合理的。但此后却发生了沉船事件。他的一个小孩死了。实际上，这次旅行对这个家庭来讲是不幸的。然而，我们却不可以说，因为有这个意外，所以这个决定是不合理的。这个意外不可能被合理地预见，这正是此决定为什么仍然是合理的、好的、正确无误的原因，同时这个家

庭的家长也没有应自我谴责的原因，尽管发生此次意外的可能性不可能完全被排除。

3. 另一方面，这个决定隐含着一个将被证明为是错
误的判断——即“这次旅行是一件好事”。事实上，这次 24
旅行不是一件好事，而是一次灾难。由此，我们意识到，在实践判断中存在着双重真理。也就是说，在实践判断中通常都包含着某种理论性考量，亦即某种有关事实的考量，也就是有关事物现在是什么样子以及以后会变成什么样子的考量。在上面这个例子中，理论性考量就是“这次旅行是一件好事”。这个理论性考量被证明是错误的：接下来发生的事情表明这个考量与实际发生的事情并不吻合。包含在实践判断中的理论性考量的正确性是无法确切无疑地获得的，因为我们不可能克服各种神秘的偶然性，也就是说，我们无法确切无疑地预见未来。然
而，我们都确信，尽管我们无力确切无疑地预见各种可能 25
的后果，但一个决定仍可能是正确无误的。实践判断的确定性与隐含在其中的各种理论性假设无关，而只与实践判断的实践方面有关。在谈论实践判断的正确性的时候，我们所指的并不是说它与事实相一致，这种一致性是不可能完全达致的。相反，我所指的是与那种被认为是合理的、健康的、真诚的意志所提出的要求相一致。根据

亚里士多德的那种极有见地的观点，实践判断所能达致的真理不是理论真理而是一种实践真理；它并非认知(cognition)的正确性，而是指向(direction)的正确性；它并不是心灵与事物之间的吻合关系，而是“心灵的判断”与“对于被追求的目的的正当欲望所提出的各种要求”之间的一种吻合关系。基于各种偶然要素的无法预见的干涉，无论一个决定所产生的实际后果是什么，只要一个人做出这个决定是真诚的，亦即完全符合有德性的意志提
26 出的迫切要求，那么他就不该懊悔：他的这个决定就应当是这样的；尽管因不明晰我们无法知道的那些隐含着某些违背实际发生的事情的假设，但这个决定仍然是正确的，具有无可置疑的正确性。⑦

因此，尽管在人类实践领域中到处充斥着偶然性，但实践秩序仍然可能是一项有关永恒真理的不变原则的对象。假如我们对(1)明智判断的理论意涵(这些意涵是或然性的)和(2)明智判断本身(它作为一种指引规则，拥有一种绝对的确定性)这两种事物做出区分，我们就会看到，明智，与科学一样，也是一项不会犯错的确定性原则(an indefectible principle of certainty)。在此，明智判断的理论性后果与明智判断本身之间的这个区分，也就是存在于那些至多是或然性的理论性后果与本身就是确定

的明智判断之间的这种可能的脱节，绝不意味着明智德
性不关心所作之判断的理论性后果；这仅只意味着明智 27
判断是不可以被主体间化的，或者说，它缺乏可被主体间
化的客观基础。在一个明智决定做出之前往往先有一个
慎重的考量（a carefull deliberation）：如果一个决定是匆
忙、草率做出的，那么它就不是一个明智的决定。在此，
慎重的考量首先包括考察与该决定相关的人与事所具有
的各种真实的倾向和可能性；这种考察在根本意义上是
理论性的，因为它旨在获得那些与事物现在的样子以及
将来的样子相一致的结论。如果这种考察能够得到一个
确定的结论，并能够证实其所获之结论，那么在“明智判
断的实践有效性”和“明智判断的理论性后果”之间就不
再可能存在脱节。由此，实践判断的理论性后果将得到 28
证实，同时实践判断本身将可以从这些后果中必然地推
导出来，并分享它们的明晰性。由此，明智判断就可能被
主体间化；同时，与民众的共同行动相关的那些决定就会
获得一致同意，至少在完全由理智和德性的人组成的共
同体这个理想条件之下是如此，但事实并非如此，因为偶
然性使我们不可能完全地认识与我们的决定相关的那些
因素，同时偶然性也使我们无法确切无疑地预见这些因
素在未来的状况。相比于其他地方，在复杂的集体行动

中，明智判断以之为基础的理论性考察是不可能被证实的。因此，我们永远都无法确切无疑地表明，被作为我们共同行动之规则的实践判断，到底是哪个实践判断才是最好的判断。不论其考量如何符合良知，因为它无法确
29 证其结论，所以任何一个人在任何时刻都可以对其提出反对意见，并主张可以设想一个更好的行为过程。由此，被认为为追求共同善而需要的统一行动将会受到不断的阻扰，除非该共同体的所有成员一致同意遵守这个明智决定，并且只能是一个决定(one prudential decision and only one)——这就要求他们服从某个权威。

因此，权威原则除了吻合那些基于人的非理性、无知和恶习而产生的必要性和便利之外，它还吻合一种绝非偶然的必要性，这种必要性并不是某种罪、某种恶或某种缺陷而导致的后果，而是事物之本性而引发的一种形而上学的后果。从其原理上来讲，权威既不是一种必要的恶，也不是某种恶的后果，既不是一种较低级的善，也不是某种较低级的善的后果。相反，权威是一种建立在自
30 然的形而上学的良善性基础之上的绝对好的东西。就权威的本质性功能而言——它与社会在其集体行动中的明智是同一个东西——它就是旨在追求共同善的、社会统一性的永恒不变的善的原则。[8]

通过比较权威观念和法的观念，我们可以对该问题获得一种新的理解。在该讲座的一开头，我们就已间接提及这个对比。现在我想考察一个虚构的仅只为法所统治的社会。基于该社会完全由法所统治，所以它无需任何权威也应当运作良好。这样一个虚构的社会对于很多自由主义者以及某些无政府主义者来讲是很熟悉的，在普鲁东(P. J. Proudhon)的早期著作中[9]，他就极为清晰地描述过这样一个社会。在那里，我们发现了这样一种观念：存在着与物理法则一样确定和必然的“客观的社会行为法则”，物理法则因先于人类理解的任何一种考量而内在于物理事件过程，这些法则与物理法则一样也内在于社会事件过程。因缺乏对社会自然的充分认识，即因缺乏一种可充分认识客观的社会法则的理性，所以我们 31
通过诉诸国王的智慧，或通过诉诸能带来相同结果的人民主权的智慧来寻求临时的拯救。在此，只有客观的实在法则是真正可靠的，主权不应从属于任何一种意志，无论是国王的意志还是人民的意志。主权应当仅属于作为非人格的法律解释者的理性；同时，这些法律绝不是由人所制定的，而只能被看作是源于社会事物的本质，并且在最终意义上与这种本质是一致的。各种社会科学的进步事实上意味着通过使我们越来越完善地认识到社会自然

的客观要求，从而使我们逐步摆脱权威。在此种进步的理想阶段，如果政府还有存在必要的话，它所担负的责任就只是对那些没有理解法律的人或拒绝遵守法律的人施以强制。基于社会科学的进步，一个理性的社会将被建
32 立起来，在这里，理性的统治将成为无政府状态的实现形式。

根据这样一种描述，我们认识到理性主义精神(rationalistic mind)所具有的每个人都熟知的日常特性：即极其厌恶神秘的偶然性，也就是说，理性主义精神在社会哲学以及在自然哲学中一直以来都有这么一种倾向，亦即漠视在自然世界和人类世界中扮演极为重要之角色的偶然性。无论社会法则的真正本性是什么，至少有一件事是确定无疑的：也就是说，社会世界的法则，就它们是先于人类智慧的任何积极介入而言，也就是说它们是人们所发现和认识到的而不是人们创造和制定出来的，它们所表达的是社会存在的普遍且必然的方面。因此，考虑到人类的具体行为处在各种变动不居的生存处境
33 中，所以，有关这些法则的知识，即便被认为完备无缺，也不可能为我们提供某种可以证实的行为规则。所以，即便社会科学的发展达到一种理想的完备无遗的状态，权威也仍然是必要的，正如它现在——作为一种社会明智

(social prudence)——能够维持社会在其共同行动中的统一性一样。[10]

在对权威的各种主要功能作出考察之后，我们还必须考察两种主要的统治类型，这两种统治类型在某种意义上构成了权威的两种最基本的形式。我所指的是由圣·托马斯(St. Thomas)在所谓的“奴役式统治”(dominium super servos)和“自由式统治”(dominium super liberos)之间所作的区分，我们分别把其称为“奴役式统治”(dominion of servitude)和“自由式统治”(dominion of freedom)。这个区分所依据的是一个人针对另一个人所实施的权威所追求的不同目的。当一个人受支配是基于他自己的善或是基于作为成员之一的社会的共同善，那么，我们就说这个人是自由的。相反，当一个人受支配是基于主人的私人利益，那么，我们就说这个人是一个奴隶。因此，奴役的观念被圣·托马斯界定为人类成就的异化(the alienation of the human effort)。为共同善而劳作的人不会发生任何异化，因为共同善绝不 34
外在于或异质于人的发展轨迹。为了另一个人的私人利益而劳作的人，其活动至少在某种程度上被异化了。以此方式来加以界定的奴役并不包含“奴隶”(slavery)或“农奴”(sefdom)这些词通常所传达的那些具体的含义。

一个人尽管可以自由地选择和更换他的职业、他的住所和他的主人，但只要他是为了主人的私人利益，那么他的活动仍还是一种异质化的活动，而他也仍还是一个不自由的人。[11]

在此需加注意的是，**奴役式统治**和**自由式统治**这一对相互对立的观念通常被错误地视为与另一对相互对立的观念相等同。有些人可能会认为，奴役式统治和自由式统治之间的对立与政治政体（regimen politicum）和专制政体（regimen despoticum）之间的对立是完全一致的。
35 我们触及了亚里士多德社会哲学中的某些含混不明的地方。经由仔细的考察，我们发现在亚里士多德那里，似乎存在两种有关奴隶的定义，这两个定义非常容易被错误地等同起来（并且亚里士多德本人也可能犯了这个错误[12]），但实际上，它们并不涵盖同一个对象，无论是在内涵上还是在外延上都是如此。从终极因的角度来看，奴隶就是一个其活动遭遇异化的人，而一个自由人则是一个其活动没有被异化的人。从动力因的角度看，一个自由人就是一个被赋予某种权力可反抗他所受之命令的人（**政治政体**或法制政体），而一个奴隶就是一个没有被赋予这样一种反抗权力的人（**专制政体**）。上面这两个定义在内涵上显然不是等同的，因为它们的出发点是不同的；

同时，它们在外延上也是不同的，因为没有获得权力以反 36
抗所受之命令的人并不必然要服务于他的上级的私人利益。专制政体的一个经典例子就是父亲针对其子女所施行的统治。与奴隶一样，孩子没有权力反抗他所接受的指令。如果从终极因上来考虑奴隶的观念，孩子就不是奴隶，因为父亲针对他的孩子所施行的引导并不旨在实现父亲的私人利益，而是旨在实现孩子他自己的利益以及整个家庭共同体的共同福利。此外，这两组对立的观念也不可以等同于上文我们所讲的权威的本质性功能与辅助性功能之间的对立。权威的本质性功能既可以在法制政体形式中得到实施，也可以在专制政体形式中得到实施；权威的辅助性功能既可以在奴役式统治形式中得
到实施，也可以在自由式统治形式中得到实施。在我们 37
看来，注意这三组观念相互之间的不可化约性是极为重要的，因为那些可被用来证成专制政体或权威的辅助性干涉的“权宜之计”有时被错误地用来作为奴役式统治的证成依据。如果一个人没有能力自己统治自己，这并不必然意味着他应当被当成奴隶一样对待且服务于主人的私人利益。如果一个社会的成员因尚未达到足够的政治成熟程度而不配生活于一个法制政体中，这并不必然意味着他们应当为了领袖们的私人利益而饱受剥削。因

此，我们不能用那些被用来证成权威的辅助性干涉或非法制政体的原则来证成奴役式统治。如果它是可以被证成的话，那也必须用那些适合于它的原则来证成它。

实际上，我们可能会追问，如果不考虑一些极其偶然
38 和临时性的因素，奴役式统治，就是人类成就的异化，也就是人对于人的剥削，是否真的可以被证成。[13]初看起来，我们可以说，为了某个人的私利而不是共同福利而利用另一个人无疑就是一种不合法的暴力。在此，如果这种统治所着眼的是共同善，那么它就不再是一种奴役式统治。然而，我们需加注意的是，一个人的活动可以两种极为不同的方式与共同善联系在一起。这种联系可以是直接的，在这种情况下，就不存在异化和奴役。然而，除了这种符合自由人的与共同善的直接联系之外，还存在一种与共同善的间接联系，我们可将其表述如下。实际上，
39 我们可以说，社会的共同福利要求这个社会存在一种享有闲暇、享受奢侈的东西和有着特殊思虑的特权阶级，所有这些东西的获得都被认为是以剥削大部分人为代价的。这就是那些声称如果一个社会没有一种贵族式建制就不存在任何合理的社会秩序的人在根本意义上一再使用的论证。基于这些考虑，一种特定的奴役式统治（亦即一种有限的、完全尊重人权的奴役式统治）的合法性这个

问题可以被简化为这样一个问题：那些处在上层的人所生产的东西（这些东西对于社会的一般福利来讲显然是不可或缺的）是否只能通过建立一种贵族式宪制才能够获得实现。我想补充说明的是，随着人们对于物理性自然的主宰通过科学和机器而变得越来越强大的时候，为了使那些处在上层的人享受闲暇和文化手段，维持服务于他们的那些被异化了的工人的数量将随之变得越来越没有必要。我们不要忘记这样一种在亚里士多德看来的 40
联系：亦即只有在机械能够自动运转的时候，社会才不再需要奴隶。这就是我们所看到的在现代工业中发生的越来越普遍的事情。

这就是我想向你们呈现的有关权威的性质、功能和形式的一个概览。下面，就让我们以最简明的方式归纳一下我们的讨论所得出的结论。

第一，权威不等于强制，强制只不过是权威可能予以使用的诸多手段之一。

第二，权威的真正适用领域是实践秩序。在理论秩序中，权威只不过是尚未充分摆脱偏见的对象的一种替代物而已。

第三，在实践秩序中，当权威所提供的是个人在追求他自己的福利的时候对于他自己的管制，那么权威的功 41

能所具有的就有一种辅助性的特征。

第四，权威有时会被用来促成行使它的人的私人利益。采取此种奴役式统治的方式绝非权威的应有之义。尤其值得注意的是，根据奴役式统治模式来设想政治权威隐含着一种完全空想的国家本质观念。

在此，我们必须回溯至本文一开头所提出的那些问题。我们曾问我们自己，我们是否有可能找到一些原则可据此以确定在任何一种特定处境中权威和自由之间的比例。此外，我们还要追问，当前把社会的进步、自由的进步和权威的隐退看成是同一件事情的做法其意义和价值何在。

在尝试回答这些问题之前，有必要通过尽可能简短地澄清我们所持有的自由观念，以消除某些混淆。在此，
42 我想引用马里旦在他的《现代世界中的自由》(*Freedom in the Modern World*)一书第一章中提出的精辟理论。在自由观念的各式各样的含义中，我们必须在最基本的意义上区分**原初**自由(initial liberty)和**终极**自由(terminal liberty)。原初自由指的是一种纯然的选择权，亦即一种既可以选择善也可以选择恶的权力。这种直接源出于我们的理性本性的自由——我们是基于“我们被赋予了理性本性”这个事实而被赋予这种自由的——既

可以被正确地使用，也可能被错误地使用，它所具有的是一种作为手段的价值而不是一种作为目的的价值。在此，当我们尝试用德性来弥补这种自由以提升我们的本性的时候，另一种自由就开始出现了，亦即一种只选择善的事物的选择权。获得此种终极自由的过程就是一个法的内在化过程。有德性的人不再屈从于法，因为法已内化在他身上并从内部来规范他。在此，法的规范与德性本性的动力机制完全是一致的。终极自由并不仅只意味 43
着选择自由，而且意味着自主（autonomy）。

在此，尽管原初自由只是一种有杂质的完善（perfectio mixta），亦即“perfectio mixta”这个表达式在形而上学的语言中所具有的严格含义。终极自由是一种绝对的完善（perfectio simpliciter simplex），亦即一种其概念不包含任何一种不完善的完善，这种完善在形式意义上必然属于上帝。以此方式来加以界定的自由就是一个神圣的名称。[14]我甚至可以说，这个意义上的自由在各种绝对完善的事物中占据一个突出的位置。实际上，任何一种存在着的东西，只要它存在着，它就拥有某种程度的自主性。“每一种自然事物都是一个理念的现实化”这个基本观点意味着每一种自然事物在其自身之中都包含着一种作为其自身之法则的活动法则。让我们回想下有关自然的托马斯主义定义：自然就是神的技艺的一种理念，它注入到事物中去，而事物也正是基于它而趋向他们的目的（ratio artis divinae, indita rebus, qua moventur ad fines）。一个存在者在事物的等级秩序中提升得越高，也就是说，它能够更完满地分有存在的理念，那么他就享有
44 更多的自主性。自主性一方面直接源于存在者的完善性，另一方面则使这些完善性变得明晰、透明和值得赞扬。自主性是一种荣耀，是存在的宏壮景观。在此，终极自由——因为它既是选择自由也是自主性——就是那种吻合理性本性本身的自主性。终极自由是理性本性的荣耀。

从上述这些形而上学的考察中，我们可以得出以下结论：如果我们所指的是终极自由，那么自由的进步和人的进步以及社会的进步就是一致的。就自由的进步是否意味着权威的隐退而言，这是一个我们需要通过参照作
45 为自主性的自由的理念来考察权威的形式、功能和手段才可予以解答的问题。

首先，就消除奴役式统治而言。我们可以很清楚地看到，人对于人的剥削，即便当这种剥削可能是合法的时候，它与自主性之要求也是对立的。因此，**当权威表现为奴役式统治这种形式的时候，自由的进步就意味着权威**

的隐退。

其次，就权威的手段而言，我们同样可以清楚地看到，通过说服而实施的领导比通过强制而实施的领导与被领导的那些人的自主性更为吻合。**由此，自由的进步意味着用说服取代强制，只要这种取代能够以理性的方式予以实现**。

第三，正如我们所看到的，权威在实践秩序中所发挥的辅助性功能只能通过诉诸以下理由才能被证成：亦即某些人或某些群体无法进行自我统治。**因此，就权威所承担的是辅助性功能而言，自由的进步意味着权威的隐退**。

与之相反，**就权威的本质性功能而言，自由的进步并不意味着权威的隐退**。如果一个社会在其共同行动上能够被更有效地组织起来，那么这个社会就更完善、更幸福和更自由。因此，正如我们在本文开篇所讲的，权威与自由的对立并不是一种绝对的对立。因为权威和自由这两者在形而上学层面上完全是好的东西，所以它们完全不是相互冲突的，它们的互补性显然要胜过它们的对立性。

由此我们可得出如下结论：根据我们的初衷，我们现在似乎可以提出一些原则以指引我们准确地分配权威的力量和自由的力量。我们把这些原则称为**权威原则和自**

主性原则。我们可将其表述如下。

权威原则：**只要一个共同体的福祉需要一种共同行动，那么此种共同行动的统一性就必须通过该共同体的**
47 **一些更高级的机构来加以保障**。

自主性原则：**只要通过个人的积极活动和小的社会单元的积极活动就可以满意地实现一项任务，那么该项任务的实现就必须交由个人和小的社会单元**。

自主性原则和权威原则的结合将产生一种等级秩序。在这样一种秩序中，低级社会单元的自主性将补充和平衡高级社会单元的权威。这也是专制政体的执政者似乎非常明白的地方。极权主义国家通过极力去摧毁国家中的每一个社会团体，由此建立起一种针对一群无法维持自治性的孤立个体的绝对统治，从而将卢梭的梦想变成现实。与此种令人憎恶的情形相反，我希望用一幅
48 由权威、自主性和等级秩序构成的社会幸福图景来结束这个讲座。这个图景展现在托马斯·杰斐逊（Thomas Jefferson）的以下文字中："要实现一个好政府并不依靠权力的巩固或集中，而是要依靠权力的分散。要是这个大国没有划分成许多州，就必须将它划分，使每个州做与它本身直接有关的事以及由它来做远胜于由远处一个权力机构来做的事。每个州再划分成许多县，每个县照料

自己境内的事，每个县又划分成许多镇区或选区，处理更细小的事，每个镇区又划分成许多农场，每个农场由其业主管理。如果我们何时播种，何时收获，都要由华盛顿发号施令，那我们很快就会没有饭吃。正是靠这种权力的划分，从一般到个别逐级下放，大量的人类事务才能够处理得最好，为全体人民造福。”[15]

注　释 49

① 卢梭，《爱弥儿》第二卷(Flammarion ed.，Paris，vol. I)，第79—81页：“有两种隶属：物的隶属，这是属于自然的；人的隶属，这是属于社会的。物的隶属不含有善恶的因素，因此不损害自由，不产生罪恶；而人的隶属则非常紊乱，因此罪恶丛生，正是由于这种隶属，才使主人和奴隶都相互败坏了。如果说有什么办法可以医治社会中的这个弊病的话，那就是要用法律来代替人，要用那高于任何个人意志行动的真正力量来武装公意。如果国家的法律也像自然的规律那样不稍变易，不为任何人的力量所左右，则人的隶属又可以变成物的隶属……你使孩子只依赖于物，就能够按照自然的秩序对他进行教育。如果他有冒失的行为，你只需让他碰到一些有形的障碍或受到由他的行为本身产生的惩罚，就可以加以制止；这些惩罚，他是随时都记得的，所以，无须你禁止，也能预防他顽皮捣乱。经验和体力的柔弱，对他来说就是

法规。绝不能因为他要什么就给什么，而要看他是不是确实有需要。当他在活动的时候，不要教他怎样怎样地服从人，同时，在你给他做事的时候，也不要告诉他怎样怎样地使役人……我已经说过，不能够因为你的小孩要什么就给他什么，而要看他对那个东西是不是有所需要，同时，他做任何事，都不要是为了服从你，而
50 只能够是因为他确有必要；这样一来，‘服从’和‘命令’这两个词相比于‘义务’和‘责任’这两个词要更为彻底地被清除出他的词典；但是，‘力量’、‘需要’、‘能力不足’和‘遏制’这几个词则将在他的词典中占很重要的地位。”

② 为了要准确理解法律观念和统治者观念之间的关系，探究我们所持的有关各类法律观念的起源对我们来讲是有帮助的。尤为重要的是，圣・托马斯给法律下的定义(《神学大全》Ⅰ-Ⅱ，90)确切地说就是国家(the state society)发布的法律：实际上就是在我们的认知中具有优先性的那类法律。各个种类的法律以类比的方式而被归为一个系列，就此而言，我们可以说，国家法(civil law)对我们而言就是整个系列的首要对象。国家法并非自足和独立的规则；每个人(包括法律实证主义的支持者在内)述说和思考实在法的方式都说明实在法分有一种更高级的法：即被我们称为自然法的一组自明的原则。因此，自然法的首要观念就是一系列由理性发布的论说。这些论说在另一方面指涉先于理性活动的事物的本性。同一律在被理性认识和表述出来之前就规范着
51 现实事物，与此相似，道德诸原则在被人类理性承认和颁布之前即已内在地存在于人类本性之中。此外，理论理性在表述同一律的时候会承认它是最高的存在法则，与之相似，实践理性在表述

它的自明的原则时，将只会识别人类本性的基本倾向，并以义务形式将这些倾向表述出来（《神学大全》Ⅰ-Ⅱ，94，2）。因此，自然法在存在于人类理性之先即已存在于人类本性中。这正是我们为什么有必要再往前推进并承认自然法是对于永恒法的分有的原因，而这种永恒法与上帝理性是同一的。如果我们不做此推进，最高的法就只能被看成是存在于自然中，法的定义中的那个首要的和最本质的要素——即理性的指令（an ordinance of reason）——在最终意义上将被取消，其隐含的意义就是，理性世界将在最终意义上受制于非理性的自然。

在此，我们需加注意的是，在这个等级式法体系中，存在着双重隶属关系。两种不同的法，每一种都拥有不同的内容，可能处于隶属关系中。这正是实在法隶属于自然法的方式。另一方面，隶属关系也可以出现在同一种法的两种不同的存在样式（或两种不同的**状态**）中。让我们来看下在一个拥挤的城市中司机的行为，我们发现它体现了一种特定的规则；该规则由一种规导式理性（a governing reason）所发布，在它出现在司机的实际行为中之 52
前即已存在于一种规导式理性中。我们必然要说，这个存在于该实际行为中的规则隶属于存在于规导式理性中的规则，或分有存在于规导式理性中的规则。在这里，规则是同一个规则；如果能够正确地实施该规则，那么在体现该规则的实际行为中以及发布它的规导式理性中，它都会拥有相同的内容（in mensurato et in mensurante）。这正是“作为人类理性之律令的自然法”隶属于“内在于人类本性中的自然法”的方式，也是“内在于人类本性的自然法”隶属于永恒法（即上帝理性）的方式。在此，法的内容仍

然是一样的，它的差异在于存在样式或它的状态。在上帝理性中，自然法，作为永恒法的一个方面，享有一种人格状态（a state of personality）；在自然中，自然法享有的是一种无人格状态；最后，在人类理性中，自然法再度享有一种人格状态。

通过考察在这种综合秩序中的等级式法律体系（亦即以就我们而言的首要对象为起点的法律体系），我们便可获得一种对于上述整个问题的新的理解。由此，我们便可明白永恒法渗透到了那些分有它的创造物中；就人类本性而言，那些分有永恒法的事物被人类理性视为具有约束力的律令并将其颁布施行，而对于那些不拥有理性的存在物而言，它们的活动不是基于自由而是基于

53 自然的必然性，它们仍受制于自然法则。另一方面，人类理智也可以把自然法则作为科学的对象，并通过理论公式（科学规律）将其（或多或少是成功地，但通常是无法穷尽地）表述出来。

③ 有关强制的功能的论述，参见《神学大全》Ⅰ-Ⅱ，95，1（“定立人法是否有用”）。

圣·托马斯是在一种极为严格的意义上来使用“法律”和“人所定立”这两个词的。“人所定立”指的是，我们所讨论的是一些由一个**世俗**共同体发布的法律；另一方面，一个被赋予法律发布权的共同体准确来讲就是一个**完善**的共同体（a perfect community），即教会或国家（《神学大全》Ⅰ-Ⅱ，91，1）。实际上，阿奎那在这一节中所处理的问题是国家理性问题（the raison d’être of the state）。圣·托马斯把强制力视为国家的独有特征。用乔治·古尔维兹（Georges Gurvitch）所使用的那个更为贴切的表述来讲就是，这并不意味着不同于国家的其他共同体就不拥有强制力，这

仅意味着只有国家才拥有一种无条件的强制力。此外，我们还要注意，无条件的强制力并不构成国家的本质；它只不过是从国家本质中衍生出来的一个特性而已。隐含在这一节中的国家定义并不是一个有关本质的定义，而是一个以特性为出发点（propria passio）的定义。

因此，就国家是一个被赋予无条件强制力的共同体而言，圣·托马斯是根据它是否更有助于教化来证成它的。每个人都 54
需要教育和德行的培养。父爱式规训的恰当手段是通过说服（disciplina paterna，quae est per monitiones），它足可以为那些拥有向善倾向的年轻人提供规训；但与之相反，对于那些拥有向恶倾向的人来讲，则需要通过强制（vis）和惧怕（metus）以使其不为恶。通过强制那些坏的孩子不要为恶，将确保两个后果：首先，正直之人的安宁将得到保障；其次，坏孩子本人会逐渐习惯于去做一些正直的事情，由此他们在最终意义上可能会变好，自愿地去做那些之前只是因惧怕受罚才会去做的事情。

这个有关强制之教化功能的高尚观念建立在这样一个心理学事实的基础之上：一个由惧怕产生的好习惯，尽管它起源于一种无德性的东西，但它却让使人们拥有德性变得更加顺利，当符合德性的外在行为变成一种习惯之后，善良意志就很容易取代惧怕。强制，从长远走向来看，将为说服铺平道路，因为基于习惯的自发性（habitual automatism）会转变成为自愿性（voluntariness）。我们可以回想下帕斯卡尔（Pascal）有关宗教习惯作为促成信仰的一种预备工作的分析［参见德斯科里普斯（Georges Desgrippes）的《帕斯卡尔研究：信仰的自发性》（*Etudes sur Pascal. De*

l'automatisme à la foi),Paris,Téqui,1935]。

因此,存在着一种从强制向说服的过渡,并且强制可被看成是促成说服的一种手段。反过来,也存在着一种从说服向强制的
55 过渡,一旦说服开始完全控制平民大众,它就会产生强制。例如,一场旨在影响公共舆论的运动,如果成功,它最终将促生一种强制性暴力(罢工、罢市等)。同样地,教会禁令的运用——比如在中世纪它被用来钳制世俗权力——就是一种会转化为强制的说服。

自由主义者们通常都没有意识到强制的教化功能,并由此限制了强制在使他人不再为恶中所发挥的作用。留意下霍布豪斯(L. T. Hobhouse)在《自由主义》(*Liberalism*,Henry Holt &Co.,N. Y.,1911)第 143 页中的论述:"如果我们不强迫一个人去争取他自己的利益,这并不是因为我们不关心他的利益,而是因为无法用强迫手段来促进这种利益。困难在于利益本身的性质,利益在其个人方面取决于感觉的自然流动,这种流动不是受外部限制而是受理性自制的约束和指引。企图用强迫手段来形成个性无疑是把它扼杀在摇篮里。个性不是从外部塑造而生,而是从内部成长的,外部秩序的功能不是创造个性,而是为个性提供最合适的成长条件。因此,对于是否可能用议会的法令使人为善这个问题,回答是:道德是不可能强迫的,因为道德是一个自由行动者的行为或性格,但是创造道德能在其下得到发展的条件却是可能
56 的,在这些条件中,一个并非最不重要的条件是不受他人强迫。"这里的要点在于,有可能为强制所规定的那些好的习惯应被视为是"促生道德之发展的条件"之一。

由此，我想提下现代的宣传形式，比如国家社会主义政党所进行的那种形式的宣传，在大多数情况下，与之相关的是一种强制而不是说服。说服过程被视为要诉诸自由意志；强制过程则被视为是某种自然决定论在起作用。晚近以来，除了通过身体机制之外（疾病、伤病、饥饿、监禁等等），人们几乎不太可能去强迫他人；目前，那些娴熟的鼓吹家们知道如何通过心理手段，即不断地重复精心选择的刺激，以促生一种像饥饿、监押或疾病一样不可忍受的神经匮乏症。让我们来想象下如下情形：一个人被置于一个有相当强度的宣传之下，以便使他支持在他看来是犯罪的一种政策。走在大街上的时候，他看到到处都张贴着赞美该政策的海报；阅读报纸、收听录音机的时候，他无时无刻都听到对于该政策的颂扬。很显然，对此，他会抵制一会儿，并会把他自己的判断——即这些人都是一些罪犯——与该宣传试图要注入到他脑子中去的那个判断对立起来。对于无休止的一再重复的刺激的
抵抗将产生一系列的情感反应，这些反应将使有机体变得疲乏并 57
最终达至一种抑郁状态；持续不断的抵抗将耗费更大的精力。为避免精疲力竭，唯一的方式就是停止抵抗。宣传者们所运用的技术是以精神病学家们所熟知的这样一项规律为基础的：亦即在过度损耗的诸多形式中，情感的过度损耗是有机体不太能够承受的形式之一。

为了理解现代宣传的真实特性，并认识到它给社会带来的威胁，人们就必须要牢记，刺激上的量的变化意味着生理—心理反应上的质的变化。温和的宣传是一种说服，而强度过大的宣传则是一种心理强制（psychical coercion）。因为很难在温和的宣传和

强度过大的宣传之间划定一条确定的界线，所以民主制国家——它的运作机制建立在说服的基础之上——通常不太愿意去干涉以便使温和的宣传不蜕变为强度过大的宣传。因此，一些私人团体便由此而被赋予了一种强制权，尽管他们仅仅只是通过心理手段来使用这种权力，但这种权力可能会使这些团体在大部分社会事务上取代国家而成为领导者。在此过程中，这些人因为拥有心理强制力而在这个国家中建立起了一个国中国，他们信誓旦旦地宣称他们就是国家。由此极权主义革命便获成功了。

当然，这种区别于说服（它也是一种心理过程）的心理强制观念意味着承认在**心理上**存在两种因果体系：存在着一些被规定了
58 的心理过程，就好比存在着一些被规定了的物理过程一样。这些心理过程，如果只是为了获得知识，那么它们就是理论科学——亦即实证心理学、哲学心理学（它是自然哲学的一部分）——的对象；而如果它们是为了行动，那么它们就构成了技术（亦即我们所谓的应用心理学）的对象。这样一些遵循自然规定性的心理过程属于自然世界，它们是一种自然存在者（physical being），因此被理解为是对立于道德存在者（moral being）的。另一方面，还存在一些以意志为原因的心理过程，这种意志并非一种已被规定了的行动来源，而是一种超越规定性的东西或自由的东西。这些心理过程属于道德领域，道德本身就在于这些心理过程是否与理性所发布的规则相符。这个道德世界并不属于理论科学的考察范围，不论是实证心理学还是自然哲学。**道德心理学**（到目前为止，这还是一门尚未被体系化的学科，这门科学的基本要素可以在散文家、小说家、戏剧作家那里找到）隶属于伦理学。我们甚至可以说

它就是伦理学的一部分：尽管道德心理学家并不旨在指引人类行为，但某种实践目的对于他所研究的这门学科而言是不可或缺的。一旦这个实践目的完全脱离出来并被普遍地加以运用，换言之，一旦对于道德事实的考察直接与行动相关，那么与道德实在打交道的那种理智习性(intellectual habitus)就不再是某门科学， 59
因为它是与行动直接相关的；同时它也不是一门技术，因为它的对象拥有道德特性。这种理智习性的名字就是明智(prudence)。

④ 自由主义思想最普遍、影响最深远且最有害的特征之一就是他否认权威在促进和保护理论真理上所扮演的角色。尤其参见密尔(J. S. Mill)的《论自由》(*On Liberty*)以及在此已引用过的霍布豪斯的《自由主义》。尽管很多自由主义思想家，基于一种怀疑论的不可知论，而对理论真理(特别是形而上学问题和宗教问题)表现出很少的兴趣，但上述这两位思想家却试图证明，即便一个人不赞同任何一种怀疑论，思想和表达的绝对自由仍然可以被证成；他们认为，无论在什么情形下，只有不受限制的自由才有助于获得真理。密尔在讨论表达自由时，将其观点总结如下：

“第一点，若有什么意见被迫缄默下去，据我们所能确知，那个意见却可能是真确的。否认这一点，就是假定了我们自己不可能犯错。第二点，纵使被迫缄默的意见是一个错误，它也可能，而且通常总是，含有部分真理；而另一方面，任何论题上的普遍且得势的意见也难得是或者从不是全部真理：既然如此，所以只有借敌对意见的冲突才能使所遗真理有机会得到补足。第三点，即使公认的意见不仅是真理而且是全部真理，若不容它去遭受而且实 60
际遭受到猛烈而认真的争议，那么接受者多数之抱持这个意见就

像抱持一个偏见那样，对于它的理性根据就很少领会或感认。不仅如此，而且，第四点，教义的意义本身也会有丧失或减弱并且失去其对品性及行为的重大作用的危险，因为教条已变成仅仅在形式上宣称的东西，对于致善是无效力的，它妨碍着去寻求根据，并且还阻挡着任何真实的、有感于衷的信念从理性或亲身经验中生长出来。”[《论自由》(McMillan ed.,1936)，第 20 页]

下面这段话是霍布豪斯在“自由主义的核心要义”(第 116 页)这一极为重要的章节一开头所说的：

“自由主义者并不对他认为错误的意见一笑置之，仿佛它们无关紧要似的。自由主义者公正地对待错误意见，要求认真地听取，仿佛它们和他自己的意见一样重要。他随时准备使他自己的信念接受考验，不是因为他对它们表示怀疑，而是因为他对它们深信不疑。因为，他认为正确的也好，认为错误的也好，他相信它们都适用于一个最后的考验。让错误自由表达有两种结果。要么在错误的发展过程中随着它的含义和结果变得清楚，它里面会出现某些正确的成分，这些正确的成分会自动分离出来，丰富人
61 类思想的宝库，给他本人错误地当作终极的真理增添内容，并解释错误的根源；因为一般地说，错误本身是一种误解了的真理，只有当它被解释清楚以后，才最终被令人满意地驳倒。要么相反，任何正确的成分也没有。在那种情况下，对错误认识得越充分，越是耐心地研究其错综复杂的含义和影响，错误就越是能彻底地驳倒自己。肿瘤是不能用刀子根除的。根总是留在那里，只有自我保护的抗毒药物的进化才能起到彻底治愈的作用……自由主义不是以满不在乎的态度应用迦玛列的智慧，而是以坚信真理力

量的态度来应用。如果这是一件人的事情，亦即如果它不是扎根于真实，那它就会归于失败。如果那是关于上帝的事，我们就必须小心，千万不要和上帝对抗。”

错误偶尔会有助于真理的进步，这个观念绝不唯独为自由主义者所主张。在此，错误只能是真理的一个偶因；错误有助于真理之发展只是一种运气，没有任何一个恒定的原则可以确保这能经常发生。自由主义者赋予偶然事件以一种它不可能拥有的惯常性。在“自由主义的核心要旨”一章中，有着一种近乎宗教式的对于内在于甚或等同于偶然事件的造物主[比较于巴斯夏学派
(Bastiat)所谓的“命运”(Providence)]的信仰。基于这种仁慈的 62
自然精神，偶然事件和机遇一定会带来好的结果。人类自由的错误使用，至少从长远来看，是无关紧要的。从真理价值和经济价值这两个方面来加以考虑，自由主义者显然是依赖于一种放任自由的体系。自由主义就是一种乐观的自然主义(optimistic naturalism)。

⑤ 普鲁东(P. J. Proudhon)，《教会和革命中的正义》(*De la Justice dans la Revolution et dans l' Église*)，1858，Études Ⅹ et Ⅺ.

⑥ 对于作为科学知识的属性之一的“可被主体间化”(intersubjectivability)的论述，参见奥古斯特·孔德(Auguste Comte)，《论实证精神》(*Discours sur l'Ésprit Positif*)，第 4 章；怀特海(Whitehead)，《数学导论》(*Introduction to Mathematics*)(Henry Holt &Co.，N. Y.，1911)，第 11 页；霍布森(E. W. Hobson)，《自然科学的范围》(*The Domain of Natural Sciences*)(Macmillan，N. Y.，1923)，第 37 页；丁格尔(H. Dingle)，《科学与人类经验》

(*Science and Human Experience*)(Macmillan,N. Y.,1932),第94页及以后各页。

⑦ 有关明智和实践真理的本性的论述,参见亚里士多德,《伦理学》Ⅵ;圣·托马斯,《亚里士多德〈尼各马可伦理学〉评注》(*Expositio in decem libros Ethicorum Aristotelis ad Nicomachum*)Ⅵ;《神学大全》Ⅰ-Ⅱ,57;Ⅱ-Ⅱ,47-56;卡耶旦(Cajetan)有关《神学大全》的评论;圣·托马斯的约翰(John of St. Thomas),《神学教科书》(*Cursus Theologicus*)Ⅰ-Ⅱ,disp. 16,a. 4-5. 让我们摘录卡耶旦所写的两段与我们所论主题密切相关的文本。在他有关《神学大全》Ⅰ-Ⅱ,57,5 ad 3 的评论中[《圣·托马斯著作集》(St. Thomas *Opera Omnia*),Leonine ed. Vol. Ⅵ,第369—370页],他问到,是否每一种理智德性都可以应对偶然事物:“如果[某种习
63 性]实际上是理智德性,那它始终是真实的,因此也并非偶然之物:因为大多数偶然之物都是虚假的。而如果它是偶然之物,那它就不总是真实的:因此也就不是理智德性……如果谁认为实践理智的完善在于唯一的认识之中,他就无从逃避这一困难……因为,不论我们的理智推进到何种程度,它永远不能到达这一点,以致获得关于个别偶然之物的、自身永远是真实的习性。因为,‘视乎事物的存在或不存在,言说要么真实要么虚假’(亚里士多德《论天》Ⅲ. 22);偶然之物也许会以其他方式拥有自身:我们理智的认识活动不可能通过偶然之物确切无误地形成……然而,你这位亚里士多德和神圣的托马斯的门徒啊,你已经看到,如果以认识的完美来衡量,这两个前提——亦即明智(prudentia)是理智美德,以及明智是关于偶然之物的——便是不可共存的,你要基于

这一回答来阅读，并且要发现这位作者、神圣的天才看到并言说
的内容：因为这一理由，也就是两者的不可共存性，任何理智美德
都不能归之于思辨理智（intellectus speculativus）之中，思辨理智
的完美在于认识，即对偶然之物的认识。因此，为了这两者的结
合，必须要由思辨理智的完善到达理智：正因为此，真理不在于认
识，而在于另一种行为，即某种能够既完美又真实、关于偶然之物
的正确无误的行为。实践理智就是这样的：因为它的完善以及真
理在于对行为的指引，正确无误的方向便是关于偶然之物的真实 64
方向，如果这一方向适合先前正确的欲望的话。这位作者尊重偶
然之物——不是被认识的那些，而是人的力量所能触碰的那
些——因为与正确的欲望保持一致，从而就这样保全了永远真实
的理智美德。”卡耶旦在另一处（Ⅱ-Ⅱ 47，3，ad2，Leonine ed. Vol. Ⅷ，
p. 551）以更为清晰的方式写道：“你要注意，明智具有双重的确定
性。一种确实性存在于唯一的认识（cognitio）之中。在普遍情形
中，这种确定性与伦理知识的确定性一样，其普遍性是真实的，如
同在大多数情形下。在个别情形中，它并不把确定性交给意见，
当它就将至之物或不在场之物得出结论时。这种确定性并非明
智特有的。还有一种确定性是实践真理的确定性，它存在于承认
自己保持着正确的欲望。这种确定性是明智特有的，并不存在于
唯一的理性之中。这样的确定性始终贴近明智，出于对单个的不
在场和将至之物的尊重。因为，为了共和国，应该这样去践行明
智的教诲，也许所追求的目的并没实现或是行动受到阻碍，但它
都拥有最真实、最好和确定的合乎诫命的行动，就如在理性和正
确的欲望上和谐一致。”

⑧ 圣·托马斯,《论统治者的统治》(*On the Governance of Rulers*, trans. By G. B. Phelan, St. Michael's College, Toronto, 1935),第 30—32 页。"理性之光在本性上被赋予每一个人,以指引其行动趋向他的目的。如果人也像很多动物一样只想单独生
65 活,那么在趋向他的目的的过程中他就无需任何其他指引。由此,每一个人都将是他自己的国王,亦即上帝治理下的最高的国王,因为他可以通过被赋予的理性之光来指引他的行动。"

然而,人在本性上是一种社会和政治的动物,也就是说,他在本性上要与他人生活在一起……因此,如果人在本性上要生活在由诸多人构成的社会中,那么在这群人中就有必要存在某些可用以管理此共同体的手段。在一个有很多人生活在一起且每个人都在追求他自己的利益的地方,如果没有那么一个人去关心和照看那些关系到公共福利的事物,那么这个群体就会分崩离析。同样地,就一个人的身体或任何其他一个动物的身体而言,如果在这个身体中没有一个一般性的规导性力量(a general regulating force)来统合身体各部分的共同利害关系,该身体就有可能衰亡。正基于此,所罗门(Solomon)才说道:"不存在统治者的地方,人民就会垮掉。"(《格言》Ⅺ,14)

"事实上,出现这种情形是理所当然的,因为适合的东西与普遍共有的东西不是一致的。事物因适合于各自自身而各不相同;事物因它们所普遍共有的东西而被统合在一起。后果的多样性是基于原因的多样性。因此,除了存在一种驱使人们趋向个体的私人利益的事物之外,还必然存在某种驱使人们趋向大多数人的共同善的事物。因此,在所有那些注定要趋向唯一一个目的的事

物中，我们还可以发现某种支配着其余事物的东西。”同时参见 66
《格言录评注》(*Commentarium in Librum Sententiarum*)Ⅱ，d. 44，q. 1，a. 3；《神学大全》I，92，1ad 2；1，96，4。

利奥十三世(Leo XIII)，《不朽的神》(*Immortale Dei*)。“人的自然冲动驱使人生活在公民社会中，因为如果不生活在一起，他就无法具备生活的一些必要条件，也无法获得发展其智识能力和道德能力的手段。因此，他注定要与其他人生活在一起，无论是生活在家庭中、社会中还是国家中，也只有在他们中间他的各种需求才能得到恰当的满足。但是，如果没有一个凌驾于所有人之上的人指引他们坚定不渝地追求共同善，该社会就无法被统合在一起；每一个文明的共同体必然拥有一个统治权威，而这个权威，与社会本身一样，都根植于自然，并在最终意义上是上帝的一种发明。因为只有上帝才是这个世界真正的和最高的主人。”

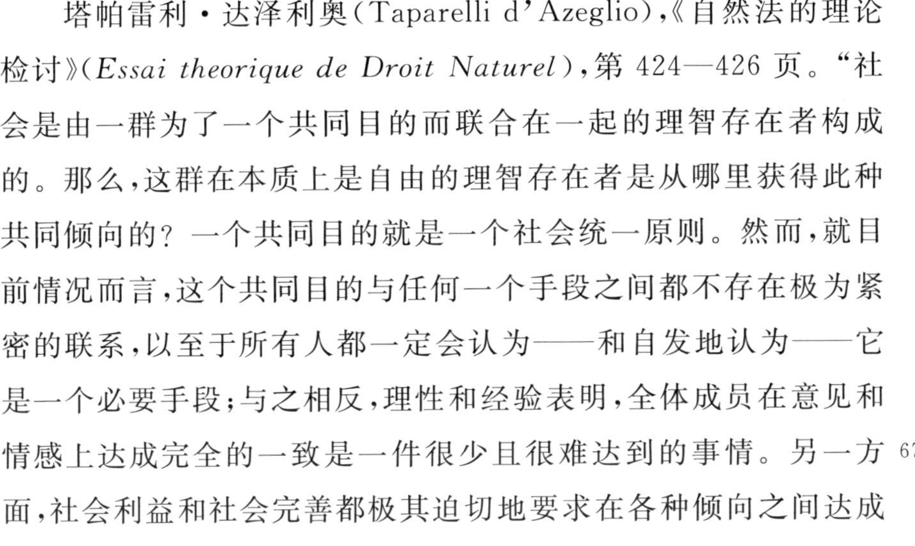

塔帕雷利·达泽利奥(Taparelli d'Azeglio)，《自然法的理论检讨》(*Essai theorique de Droit Naturel*)，第424—426页。“社会是由一群为了一个共同目的而联合在一起的理智存在者构成的。那么，这群在本质上是自由的理智存在者是从哪里获得此种共同倾向的？一个共同目的就是一个社会统一原则。然而，就目前情况而言，这个共同目的与任何一个手段之间都不存在极为紧密的联系，以至于所有人都一定会认为——和自发地认为——它是一个必要手段；与之相反，理性和经验表明，全体成员在意见和
情感上达成完全的一致是一件很少且很难达到的事情。另一方 67
面，社会利益和社会完善都极其迫切地要求在各种倾向之间达成一致，亦即在内在手段和外在手段与这个目的之间达成协作；因

为如果缺乏这样一种协作，就无法实现该目的或无法完满地实现该目的。简言之，因为被赋予理智和自由意志，社会的各个成员必然会采取各种不同手段来实现一个共同目的；他们可以在这些手段之间进行选择。因为手段的分歧和对立会摧毁社会的统一性，并取消社会的本质，所以有必要用一个理智原则来规导这些理智存在者，并在其意志上强加一些相同的倾向。在此，我们把那种将社会的所有成员统合在一起的权力称为权威。因此，权威就是社会的一个本质性要素。”

德拉蒙(D. Lallement)，《公民行动的天主教原理》(*Principes Catholiques d'Action Civique*)(Desclee De Brouwer, Paris, 1935)。“我们说，权威的功能不能被局限为宣称或告知什么是符合共同善的。它的本质性功能在于发布一个约束各种意志的决断。对于共同善的爱，尽管在社会中极为普遍，但却无法替代权威。实际上，权威的功能主要在于在各式各样的人可能偏爱的各种可能手段之间做出抉择，以决定哪个手段是对每个人来讲都应该是正确的手段，从而确保共同行动的统一。正是权威通过选择更便捷的手段而不是其他手段，从而在该手段和共同善之间建立
68 起一种必然的联系，并因此使该手段成为强制性的。”

⑨ 普鲁东，《周日颂》(*De la Célébration du Dimanche*)(Marcel Rivière ed.)，第 40 页。“正如某些人所认为的那样，希伯来人的政府不是一种依循社会契约模式的民主制。它也不是一种由牧师来进行治理这种意义上的神权政体。摩西在创建他的共和国并要求其民众誓言忠效于立约的时候，他并没有想到要把他的工作交付给大众去评判；本身就是正当的和绝对正确的东西不可能

成为契约或约定的对象。人们自由地听从他自己的良心的声音，自己担负其责任，而不允许与之有任何妥协；这就是犹太民族服从律法的方式。”《什么是所有权?》(*Qu' est-ce que la Propriété*?，1840)，第 148 页(在前面一段话中，普鲁东已论述过**进步**与**革命**的区分；他的意思是，在 1789 年，确实发生了争斗和进步，但却没有发生革命)。“人们在很长一段时间内都是自私自利的君主制的受害者，现在他们相信，通过宣称他们是唯一的主权者就可以彻底摆脱这种处境。那么，什么是君主制? 就是一个人的主权。什么是民主制? 就是人民的主权，甚或大多数人的主权。这两者都意味着，这是人的主权而不是法律的主权，是意志的主权而不是理性的主权，简言之，是激情的主权而不是法权的主权。”《十九世纪革命的一般理念》(*Idée générale de la Révolution au* Ⅹ Ⅸ*e siècle*，1851)，第 436 页。“我们说，我们这些无政府主义者们抱持 69
着一种不同的观点，即认为存在着一门社会科学。政治经济学已阐述其原则并已得到持续的发展。这些原则没有任何个人成分和独断成分，它们是一些普遍理性的纯粹观念，是永恒且必然的公理，它们首先以无意识的方式，其次以有意识的方式引领着各个社会。这些公理一旦为人们所公布和颁行，就会将所有的政治习俗和人类立法排斥在外。”在 1858 年所撰写的《教会和革命中的正义》(*De la Justice dans la Révolution et dans l' Eglise*，1858)中，普鲁东指出，没有一个不受限制的自由体系曾经被实现过，因为社会科学永远都不可能达致完全的严格性，也永远不可能不犯适用上的错误。在《联邦制原则》(*Du Principe fédératif*，1863)中，普鲁东承认，在缺乏法律规定的具体事件中，

作为一项裁判原则的权威永远都有其必要性。“无论对公民的权利和义务以及公共机构的能力作出如何明智和清晰的界定，同时，无论对各种偶然性、例外和异样作出如何明智和精确的规定，各种无法预见的可能性都还是远远超出政治家的规定，有更多的立法就有更多的诉讼。所有这一切都要求，就一个掌握权力的人而言，如果他没有被赋予权威，那么任何的方案和裁判都不可能被遵守。如果从民主制原则，也就是说从自由那里抽取掉诸如权
70 威这样的最高制裁，那么国家马上就不复存在。”(第 41 页)。

⑩ 为进一步补充我们有关权威观念和法观念之间关系的考察，我将特别指出，如果从纯形式的意义上使用这两个词，那么它们之间的对立就好比实在之物的具体和偶然面相与它的普遍必然面相之间的对立。但这并不意味着明智与法律的颁行无关。让我们来考察下由人类理性发布的各类法律。我们首先看到的是自然法，它是用来表达“明确无疑的真理”的公理。对于自然法的认知与一种习性(habitus/synderesis)有关，这种习性先于道德科学，并且比任何一门道德科学都更加明确和确定，正如理智原则(intellectus principiorum)在明确性上和确定性上都要高于理论科学一样。明智不是推导出各项道德原则的，而是预设了各项道德原则。由此，当我们从自然法(它们是一些自明的原则)过渡到实在法(它们是一些不再自明的原则)的时候，我们发现，根据是否可以从自然法的自明原则中以演绎的方式推导出实在法，我们可以把实在法划分为两个差异甚大的类别。这就是托马斯有关万民法(jus gentium)和所谓的市民法(jus civile)的传统区分方式。当然，每一个实在法都必须出自自然法，不然它就不可能是

正当的，并因此不是真正的法。在此，我们既可以像从一个原则 71
中推导出各个结论一样从自然法中推导出实在法，“比如，人不应该杀人可以被作为一个结论从人不应当作恶这个律令中推导出来”。另一方面，一个实在法也可以以这样一种方式从自然法中推导出来，亦即在自然法业已做出阐述，但其阐述却尚未明确固定的地方，实在法可以对其做出进一步具体的规定，“例如，自然法要求犯罪要受惩罚，其所适用的刑罚就是有关该自然法的一个具体规定”（《神学大全》Ⅰ-Ⅱ，95，2）。

以演绎的方式而与自然法联系在一起的那部分实在法构成了万民法；这些法得到了各个人类社会的普遍承认，正因为它们是以演绎的方式与自明原则联系在一起的，所以可以通过推证（demonstration）的方式得到证明，并因此享有不受限制的理应可以被主体间化的属性。正因为它们是可以被证明的，所以，相比于与明智的关系来讲，万民法的论说与道德科学更为相关，因此，如果权威被等同于支配式明智（governing prudence）的话，那么万民法就不是在权威领域中被把握的。与之相反，准确意义上的市民法——它们不可能以演绎的方式与一个自明原则联系在一起——是通过某种明智推理（prudential reasoning）而被阐发出来的，因此，它们相关于权威原则。让我们来看看私有财产权问题这个例子。晚近以来，人们（已正确地）指出，财产权属于万民法；
实际上，我们可以证明，在通常情形之下，相比于共同所有制，在 72
私人所有制之下个人和社会的福利更容易得到保证。对于所有权的限制以及所有制的模式都会随着各种历史条件而发生极大的变化，因此，这些限制和模式无法以一种严格演绎的方式从某

个自明原则中推导出来；它们只能由统治者的明智根据一个特定社会必须要与之吻合的历史素材而予以把握和评价。简言之，实在法与自然法之间的关联，就其是一种演绎形式的关联而言（per modum deductionis），是通过科学理性（scientific reason）而确立起来的，因此不隶属于权威本身；实在法与自然法之间的关联，就其是一种规定形式的关联而言（per modum determinationis），则只能通过明智理性（prudential reason）而被确立起来，并因此隶属于权威。**万民法**位于权威之上，而**市民法**则是由权威发布的。

根据这样一种观念，把权威等同于执行权是一种彻头彻尾的错误，好像立法权仅仅只是在承认和发布包含在自然法中的或以严格演绎的方式从自然法中推导出来的自明陈述。立法权所发布的必然是那些只是自然法之具体规定（或圣·托马斯所界定之意义上的**市民法**）的陈述，就此而言，立法权所扮演的是一种支配式明智（governing prudence）和权威的角色。然而，法律与权威，就其最典型的形式而言，我们仍然可以说它们是两个相对立的东
73 西。如果一项法律是一个自明的或可证明的行为规则（自然法或万民法），那么它就比只是作为一种通过明智而予以规定的法律（市民法）更能够完善地实现法的理想观念。另一方面，权威应对更为具体和特定的环境（执行权所发布的各种指令）比应对更为一般和恒常的环境（市民法）要更能完满地实现社会明智（social prudence）的理想观念。

⑪《神学大全》Ⅰ，96，4（英国多明我会教士译，London. Burns，Oates & Washbourne Ltd.，London，1922）。“主人（mastership）拥有两种含义：一是与奴役相对，在这个意义上，主人就是支配另

一个作为奴隶的人的人。主人在另一个含义上通常指的是任何一类主体(subject),在这个意义上,即便是那个占据政府要职并对自由民发号施令的人也可以被称为长官(master)。就第一个意义上的主人而言,人在无罪状态(the state of innocence)中是不受另一个人支配的,但在第二种意义上,即便在无罪状态中,一个人也可能受另一个人的支配。这个区分基于以下理由:一个奴隶和一个自由人的区分在于,后者可以处分他自己(正如《形而上学》开头所言),而奴隶则只能受命于他人;因此,当一个人为他自 74
己(即统治者)之用而支配另一个人的时候,这个人就是把另一个人作为他的奴隶来加以利用。因为适合于每一个人他自己的善对他自己而言总是可欲的,因此把应当属于某个人他自己的东西拱手让给另一个人总是一件极其痛苦的事情。因此,这样一种统治必然意味着一种施加在主体身上的痛楚;在无罪状态中,这样一种东西可能并不存在于人与人之间。

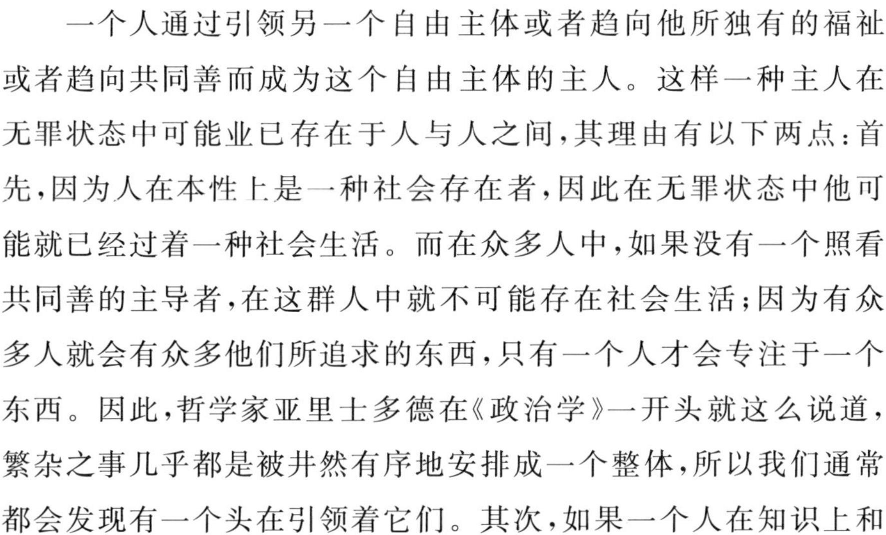

一个人通过引领另一个自由主体或者趋向他所独有的福祉或者趋向共同善而成为这个自由主体的主人。这样一种主人在无罪状态中可能业已存在于人与人之间,其理由有以下两点:首先,因为人在本性上是一种社会存在者,因此在无罪状态中他可能就已经过着一种社会生活。而在众多人中,如果没有一个照看共同善的主导者,在这群人中就不可能存在社会生活;因为有众多人就会有众多他们所追求的东西,只有一个人才会专注于一个东西。因此,哲学家亚里士多德在《政治学》一开头就这么说道,繁杂之事几乎都是被井然有序地安排成一个整体,所以我们通常都会发现有一个头在引领着它们。其次,如果一个人在知识上和德性上都胜过另一个人，那么如果知识和德性这些天分不是为了其他人的利益，那么让一个人在知识和德性上胜过另一个人就是不合适的，同时参见 *Sent*. Ⅱ，d. 44，q. 1，a. 3。

⑫ 不管在什么情形下，我们在生物身上首先见到的既有专制(despotical)这种统治方式也有宪制(constitutional)这种统治方式；灵魂以专制的方式统治着身体，而理智则以宪制和王制的方式统治着欲望(《政治学》I，5，1254 b，3)。圣·托马斯在《神学大
75 全》中以一种心理学的关联引用该段落之后说道，专制政体就是施加在没有权力对抗其主人之命令的奴隶(servi)身上的体制(quia nihil sui habent)；而政治体制(principatus politicus et regalis)则是施加在自由民身上的体制，这些人尽管隶属于一个统治者的统治，但他们仍能够对抗其领袖的命令，因为他们拥有一定程度的自主性(tamen habent aliquid proprium，ex quo possunt reniti praecipientis imperio)。这就是我们所谓的亚里士多德的文本中的含糊之辞。紧挨着上面所引用的那段话，亚里士多德又继续说道："这是明显的，身体隶属于灵魂和灵魂的情欲部分受制于理智部分，总是合乎自然而有益的；要是两者平行，或者倒转了相互的关系，就常常是有害的。灵魂和身体间的关系也适用于人兽之间的关系。驯养动物比野生动物的性情更为良善，而一切动物都因受到人的管理而得到保全，并更为驯良。又，男女间的关系也自然地存在着高低的分别，也就是统治和被统治的关系。这种原则在一切人类之间是普遍适用的。这里我们就可以得出结论说，人类的分别若像身体和灵魂或人和兽的分别那样——例如在专用体力的职务而且只有在体力方面显示优胜的人们，就显然

有这种分别——那么，处于卑下的这一级就自然地应该成为奴隶，而且按照上述原则，能够被统治于一位主人，对于他实际上较为合宜而且有益。所以，凡自己缺乏理智，仅能感应别人的理智的，就可以成为而且确实成为别人的用品，这种人就天然是奴 76
隶。”在这里，亚里士多德意义上的奴隶就是一个为其主人之利益而活动从而其活动被异化了（尽管没有完全被异化）的人。亚里士多德所进行的推理可归纳如下：一旦在两个人之间存在着不平等，其中一个人以专制的方式统治另一个人是可取的，那么后者就必须成为前者的奴隶。这个推理是站不住脚的，除非它可以证明，以专制的方式统治一个人就必然意味着这个人为了统治者的利益而被异化。因为我们显然无法证明每一种专制体制都必然意味着臣民处于一种异化状态或异化情形中，在我们看来，在亚里士多德的奴役理论中无疑内在地隐含着一种诡辩式的混淆。

⑬ 对此，我将做以下解释：例如，让我们来考察下一个工业区，在那里，因为工资水平低下，在人们的记忆中，工人们一直都生活在极度悲惨的境地。就这样的环境而言，只要雇主愿意降低他们的利润，工资很容易被提高。我们必须要处理一个极为不公的剥削体制。在此，在诸如公平的薪水（或公平的价格）这样的事情上，个人良知在很大程度上依赖于集体良知，以至于很多雇主 77
（我想到的是一个很平常的例子）根本没有意识到他们每天都在犯严重违背正义的错误，我们承认他们中的很多人是一些处于无法克服的无知状态中的诚实的人。那些多少能够改善此种处境的人——不论是通过唤醒雇主的良知还是通过组织劳工机构而施以压力——不可能再无所事事。然而，我们不清楚整个地取消

剥削体制会马上得到实现。再说，工资水平的大幅度提升，如果操作得太过急躁，那么很可能会在经济生活中引发有害的动乱，我想，一旦那些拥有善良意志的人突然意识到他们的整个社会行为世代以来都建立在不义的基础之上，他们可能会感到绝望以至于产生道德上的萎靡不振，进而使其无法进一步实现他们的社会使命。因此，就一种剥削状态而言，尽管它明显违背正义，但基于以下理由，却（至少在某种程度上）应当暂时予以宽容，这个理由也是唯一的理由：直接消除剥削可能给大部分人（包括被剥削的人）带来极大的损害。这就是我在用“一些极为偶然和临时性的考量”来证成异化时所想到的那种处境。

⑭ 这是自由主义的当代批判者所普遍忽视的。墨索里尼在他掌权的最初几年内，极力鼓吹法西斯主义已开始准备摧毁“或
78 多或少已腐朽不堪的自由女神”。很显然，过去几个世纪的自由主义哲学隐含着对于人类自由的盲目崇拜。实际上，针对自由主义的那些带有法西斯主义思想倾向的审查官们无意于去区分真正的自由和虚假的自由。由此，我们可以清楚地看到，他们对于自由的蔑视既针对过时了的自由女神，也针对自由这个神圣的名称。

⑮ 托马斯·杰斐逊，《自传》，载《托马斯·杰斐逊著作集》（*The Writings of Thomas Jefferson*, Taylor and Maury, Washington, D.C., 1853）卷一，第82页。

附录一

论　权　威

〔法〕雅克·马里旦　著

［按］　本文为马里旦就西蒙《权威的性质与功能》一书所作之评论，刊发于1941年的《政治学评论》[Jacques Maritain, On Authority, *The Review of Politics*, Vol. 3, No. 2 (Apr., 1941), pp. 250-254]。

耶夫·西蒙教授1940年在密尔沃基(Milwauker)作的阿奎那讲座讨论了“权威的性质与功能”这个主题。其讲稿后以书册形式与莫蒂默·阿德勒(Mortimer Adler)的《圣·托马斯与异教徒》(*St. Thomas and the Gentiles*)以及裴吉斯(A. Pegis)的《圣·托马斯与古希腊人》(*St. Thomas and the Greeks*)于同个系列出版。这本小书极富思辨智慧和实践智慧，它是托马斯主义哲学中的一部短小精悍的杰作。耶夫·西蒙教授以一种极为清晰和精辟的方式探讨了权威问题。他从最基本的哲学原则中引发出来的论述在日常政治生活中极为有用也极为重要。对于现代民主制国家而言，在思想领域，很少有事物比清晰地洞察权威的性质和功能更为迫切。因此我不仅希望那些就读政治科学的学生能研读这本极富价值的作品，而且也希望民主制国家的大多数领袖和竞选者能研读它。

正如耶夫·西蒙教授正确指出的那样，人们通常认为，在19世纪那些流行的自由主义和保守主义思想中，自由的进步就意味着权威的不断隐退，由此“社会的进步、自由的增长和权威的隐退这三者是一致的”。现在，如果说，基于事物之本性，权威在政治共同体中扮演着某种本质性的角色，那么我们现代社会必然会产生某种断裂，亦即发生在现实的政治生活方式和思考这些政治现实的方式之间的断裂，其后果可能是极其惨痛的。公民和统治者们实际上所做的往往不是他们认为他们应该去做的事情。对于一种思维存在者而言，这是一种极不光彩的状态。因此，首要的事情就是要准确地界定权威在人类社会及其趋向自由的历程中所扮演的核心角色。

耶夫·西蒙教授极其细致地作了以下区分：一方面区分了权威（authority）和约束力（power of constraint），另一方面区分了与政治生活相关的奴役式统治（dominion of servitude)和自由式统治(dominion of freedom)。他指出,就政治生活而言,权威的功能是社会整体趋向其共同善及其共同使命所必需的。在阐明终极自由(terminal liberty)观念之后,西蒙为我们提供了以下结论,这些结论无论从哲学角度还是从实践角度来看都极富价值。

“当权威采取奴役式统治形式的时候,自由的进步意味着权威的隐退”;“自由的进步意味着用说服取代强制,只要这种取代能够以理性的方式予以实现”;“当权威所承担的是一些辅助性功能的时候,自由的进步意味着权威的隐退”;“与之相对,就权威的本质性功能(即旨在保障联合在一起的一群人的行动的统一性)而言,自由的进步并不意味着权威的隐退”。最后,政治生活的实践真理就在于“权威原则”——即“只要一个共同体的福祉需要一种共同行动,那么此种共同行动的统一性就必须通过该共同体的一些更高级的机构来加以确保”。——和“自主性原则”——即“只要通过个人的积极活动和小的社会单元的积极活动就可以满意地实现一项任务,那么该项任务的实现就必须交由个人和小的社会单元”。——之间的相互均衡。

正如西蒙先生所指出的那样,上述观点与美国共和国奠基者们的思想是完全一致的。对此,他引用了托马

斯·杰弗逊(Thomas Jefferson)一段与之相关的著名文字。

* * *

本书的核心要点就是他以哲学的方式阐明了权威的本质性功能是必然存在的,该要点对西蒙先生来讲极为重要,同时他以一种极富原创性的洞见澄清了该要点。这种必然性根植于如下事实:(1)明智判断是一种与科学判断具有完全不同性质的判断;(2)明智的真理在于使判断与正当欲求(亦即对于被追去之目的的正当欲求)所提出的要求相一致;(3)因此,明智判断永远都无法被证实或被主体间化。所以"不论其考量如何符合良知,因为它无法确证其结论,所以任何一个人在任何时刻都可以对其提出反对意见,并主张可以设想一个更好的行为过程。由此,被认为为追求共同善而需要的统一行动将会受到不断的阻扰,除非该共同体的所有成员一致同意遵守这个明智决定,并且只能是一个决定——这就要求他们服从某个权威"。

在此,我们获得了一种非常清晰且有效的阐述,该阐述既阐明了权威之本质性功能的性质,也阐明了在每一

个政治共同体中权威之本质性功能的必要性。我们必须感激西蒙教授作出的这一细致且极富洞见的贡献。

* * *

本书不仅好在它所作的论述和解释;而且也好在它给读者带来的思想上的启发。当这种启发人去思考的力量是由一个活跃的心智生发出来的时候,这种力量无疑是哲学思考永恒的原动力的标志。

通过评述西蒙的这本书,我希望通过与他探讨在阅读本书时呈现在我脑海中的某些观念并向他追问他所认为的这些问题,以便提升我们的日常认识。

第一个问题是:在我上面总结的论证中,他假设了一个实际上不成立的前提,但该前提却可以让他的论述变得更易于理解。他说道,我们可以假设一个由理智健全且德性完善的人组成的共同体。即便在此情形下,基于事物之本性,也必然需要一个统治权威。因为在明智判断的领域中,即便这些人是一些理智健全、信息完备且德性完善的人,但我们显然无法期待并且也不应期待他们会达成一致意见。

就目前看来,对于那些理智健全且信息完备的人来讲，上述判断显然是正确的。但是如果这些人同时也是一些拥有完善德性的人，那么又会如何呢？这样一种明智是不会出错的；所以，如果我们假设两个理智健全且德性完善的人被置于相同处境中，难道这两个人的明智判断不会是一致的吗。因为就他们两者而言，他们所作之明智判断会符合于一种由完善德性所正确引导的欲望，即引导其趋向“共同体的善”这个目的？如果事情是这样的，那么我们应该说，在一个由理智健全、信息完备和德性完善的人组成的共同体中，在有关“该共同体的善”的明智判断中，在这些人之间显然会达成一致意见——这种一致并不是基于某种证明，而是基于他们对于“共同体的善”这个目的的欲求所普遍拥有的正当性。

由此，我们有必要在耶夫·西蒙有关明智判断之自然多样性的考量上增加另外一些考虑，我把这些考虑概述如下。

(1) 人类共同体这个观念本身内在地包含着如下观点：即这样一个共同体包含着分工（a division du travail），亦即与整体的各个部分的运作和功能相关的分化和具体化。

(2) 在这样一种分化和具体化的观念中，内在地包含着如下观点：该整体的某些部分把对于整体的关照以及对于该整体的共同善的关照作为它们自身所理应实施的活动，即作为它们所特有的功能。

在我看来，这就是为什么对于一个由理智健全、信息完备和德性完善的人组成的共同体来讲，也必须存在一个指引人们趋向整个共同体的共同善的权威的原因。必须在整体的某些部分中内在地提升理智和意志、特定的习性以及特定的德性，以便使其能够尽可能地发挥其特定的功能，而这种功能是会对整体本身产生影响的。

第二个问题与第一个相关。在智灵中是否存在一种秩序？是的，存在。在由智灵组成的共同体中是否存在权威？是的。尽管是在一种类比的意义上而不是一种单意的意义上担负此名，但我们仍说在其中存在一个权威。那么在此，这种权威的首要根基是什么？如果我所考虑的是指派给智灵（我所说的是好的那些智灵）的保护人和国家的守护使命，那么我感到我必然要承认西蒙教授所强调的有关明智判断的那个原则，该原则即便在此情形下亦有效：因为这些智灵对于他们所保护的人的爱（一种源于他们所负担之使命的正确的爱）和他们的福祉相互之间可能存在矛盾，因此，在这些智灵中或许可能会产生实践分歧。但是就智灵们本身的共同善而言，也就是说，就认识上帝、爱上帝和崇拜上帝而言，在他们之间不可能

存在分歧；但是即便在此方面，在它们之间也存在权威，该权威旨在安排崇拜和颂扬的秩序。那么，在此情形下，权威的基础难道不就是必然存在的分化之原则（the principle of necessary differentiation）吗，某些智灵据此就要负担使整个智灵共同体达至完善的使命？

* * *

我的第三个问题与西蒙教授所作的那些极其精致且极富成效的解释之一相关。他准确地强调了时常被忽视的以下事实：奴役式统治和自由式统治之间的区分绝不等同于政治体制（regimen politicum）和专制体制（regimen despoticum）之间的区分。第一个区分立足于终极因的视角："奴隶"——即圣·托马斯·阿奎那所赋予的那种宽泛的和哲学意义上的奴隶——是这样一个人：他受制另一个人的指令并不是为了政治共同体的共同善，而是为了向他发号施令的这个人的私人利益。第二个区分则立足于动力因的视角：奴隶就是没有被赋予某种权力以对抗其所受之指令的人。

很显然，对于任何一种好的政治生活来讲，必须要祛除奴役式统治和专制体制。那么，托马斯·阿奎那在极为宽泛的含义上(这意味着以此方式界定的“奴役”拥有诸多其他形式,并可能拥有比古代的奴隶制更不人道的奴役形式)所界定的奴役式统治其根源何在?其根源是否来源于社会的共同福利,对此,某些人认为,这种共同福利需要剥削大多数人以便为了成就一个特权阶级?这样一种观点是一种奴役哲学;它是错误的也是不人道的。奴役式统治的根源要到劳动领域中寻找,或者到经济生活领域中寻找。在我看来,这种不幸的统治似乎与以下两个事实相关:(1)物品的私有财产制;(2)那些非所有者或私人事务的非合作者在所有者的事务中相互的合作。从此观点出发,我们似乎可以得出如下结论:只有一种共同所有制体制(a regimen of co-ownership)能够扩展至所有人类事务领域,奴役式统治才会完全被祛除,而祛除这种统治正是人类社会进步的首要目标。那么在此,这样一种普遍的扩展是否可能遍及所有领域?这可能是有疑问的。教授以及商人都在雇用秘书(秘书在我们这个国度比在所有其他地方都要更加敬业、更加齐力合作)。但是,根据圣·托马斯·阿奎那所作的那个有关“奴隶”的哲学上的模棱两可的定义,秘书就是一个“奴隶”,她处于“奴役”状态,因为她是为了雇佣她的人的私人利益而工作的。如果哪天没了秘书的协助,教授们是否还可能工

作，或者说，秘书是否会在教授的科学研究和工作中获得某种法定的共有者的资格？此外，我们也可能会说，很多人认为与他人合作比单独做一件事件要更加快乐，尽管可能会少些激动人心的东西。

上述评论引出了我的第四个和第五个问题。如果祛除每一个领域中的每一种"奴役"在实践上看来很难想象，那么，从另一方面来看，我们可以引入某种更容易获得实现的东西，这种东西所涉及的是奴役的形式或奴役的样式，对此，西蒙一书所揭示的那些原则已做过大量清晰的阐述。我之前已指出，只要一种共有制是可能的，那么在此程度上祛除奴役，亦即引入共有制其本身就是可欲的。但是在那些不考虑共有制的领域中，至少在接下来很长的时间段内，人类社会在奴役式统治这个方面的进步可以用以下公式加以界定：政治体制（a regimen politicum）将被逐步引入各种奴役式统治关系中。一位随时会因其雇主的喜怒哀乐而被解雇的雇员不仅处于一种"奴役"状态中，而且也处于一种专制体制中。如果一位雇员因劳工组织而享有集体契约，亦即享有某种对抗他所受之专断命令的权力，那么尽管他仍处于"奴役"状态，但他却已不再处于专制体制中。我可以很容易地设想这样一种雇佣组织体：在其中，秘书们尽管在法律—社

会地位上仍是那些教授们的“奴隶”，但他们却能享有一种政治体制。

在此还需马上附加一点。人们所处的法律—社会地位不该予以单独考量；道德的和心理学的地位也绝非不重要。基于一种真正的人类协作精神，即一种友爱和信任精神，法律—社会地位可以在某种程度上得到改良。尽管雇员在单位中不是共有者，但是如果雇主允许他们在某种程度上参与单位的管理——亦即征求他们的意见，以及在共同目标的方向上与他们共同做出某些决定，那么他们也可以与雇主达成真正的人类协作和友谊。如果一位教授或一位作家带领着他的秘书进入他的科学思想领域，使她成为他思考的知己，并且在另一方面，如果这个秘书不是感到要服务于他而是要帮助他，那么在此情形下，尽管她在法律—社会地位上仍处于“奴役”状态，但实际上，这已无关紧要；处在另一种秩序中的关系，即道德和心理领域中的关系已取代了奴役关系。也就是说，即便在经济领域内，最终赢得胜利的还是友谊和人类的仁慈。

附录二

耶夫·西蒙生平年表及著作目录

生 平 年 表

［按］ 该年表主要依据西蒙的学生奎克(Vukan Kuic)所撰写的《耶夫·西蒙(1903—1961)：生平著述》一文以及他的儿子安东尼·西蒙(Anthony O.Simon)编写的年表。

1903年 耶夫·西蒙于1903年3月14日出生于法国的瑟堡(Cherbourg)。

1922年 成为马里旦的学生，同时研究普鲁东的社会哲学。

1923年 在布格(Celestine Bougle)的指导下以一篇论述德努瓦耶(Charles Denoyer)的论文获得学士学位，并开始在巴黎大学攻读博士学位，同时参加巴黎天主教学院的课程。

1926 年　开始在巴黎大学医学院进行多年的医科研究。

1929 年　获得巴黎天主教学院哲学学位。

1930 年　在巴黎与德罗玛(Paul Dromard)结婚。他们共生育有六个小孩。开始授教于里尔天主教大学,开始了他的教学生涯。

1932 年　获得教授职称,并担任《哲学评论》(*Revue de Philosophie*)的执行主编。

1934 年　在巴黎天主教大学获得博士学位。他的论文由该学院的院长裴劳勃(Emile Peillaube)指导,并于同年出版,即一部论述知识理论的名著《知识形而上学导论》(*Introduction à l'ontologie du connaître*),该书于 1990 年由他的两位弟子译为英文。同年,西蒙在马里旦所主编的一个书系中出版了他的另一部重要著作《道德知识批判》(*Critique de la connaissance morale*)。

1936 年　继续将"道德判断"准则运用到实际政治发展中,出版了《埃塞俄比亚运动与法国政治思想》一书,公开批驳对于法西斯主义的各种辩护。

1938 年　在《哲学资料与教程》书系中出版了另一部学术著作《劳动三讲》(*Trois lecons sur le travail*)。

同时被邀请带着其家属到美国圣母大学作访问教授，因战争的爆发而滞留在美国。

1940 年　在马凯特大学的阿奎那讲座上提交了《权威的性质与功能》，并于同年出版。

1946 年　成为美国公民。

1948 年　受赫金斯(Robert Hutchins)、阿德勒(Mortimer Adler)和讷夫(John Nef)的邀请离开圣母大学，加盟芝加哥大学社会思想委员会。当时他在该委员会中的同事包括讷夫(John U. Nef，经济史)、格雷纳(David Grene，古典学)、布兰克哈根(Peter H. von Blankenhagen，考古学)、希尔斯(Edward A. Shils，社会学)、哈耶克(F. A. Hayek，经济学)、辛普森(Otto von Simpson，艺术史)、艾里阿德(Mircea Eliade，比较宗教)、里德菲尔德(J. M. Redfield，经济学)和奈特(Frank H. Knight，经济学)。西蒙在芝加哥大学社会思想委员会总共待了 11 年，这些年是他思想最具创造力的时期。在此期间，他构思并开始逐步撰写一部多卷本的《哲学百科全书》(*Encyclopedia of Philosophy*)，但在得知他的病情之后，他将此计划更改为“哲学研

究"(Philosophical Studies),并在他之前已拟定好的论题上草拟了一些纲要性的东西。

1951 年　在芝加哥大学出版社出版了他最重要的一部著作《民主政府哲学》(*Philosophy of Democratic Government*),这部著作随后被译成多国语言。同年,他又出版了他的另一部重要哲学著作《选择自由》(*Traite du libre arbitre*),该书最初由法文写成,于 1969 年出版了他的英文本,该版本附有阿德勒(Mortimer Adler)为其撰写的序言。阿德勒在序言中坦言,这本书纠正了困扰现代有关自由选择讨论的诸多错误和误解。

1955 年　与格兰维尔(John Glanville)以及霍伦赫斯特(G. Donald Hollenhorst)一起翻译并出版了圣·托马斯的约翰(John of St. Thomas)有关逻辑学的巨著的主题部分《圣·托马斯的约翰的质料逻辑学》(*The Material Logic of John of St. Thomas*)。

1959 年　因疾病而退休。

1961 年　5 月 11 日逝世于印第安纳。

著作目录

［按］ 这里所列数的文献都是英语世界出版的著作。其中耶夫·西蒙早期在法国时期所撰写的著作基本上都为法文。在此，编者将仅列出这些法文本的英文译本。这些译本大多为他的学生或他的崇拜者所译，并多附有极有价值的导读性序言。有关这些著作的更为详细的信息以及一个更为全面的参考文献目录，请参见他的儿子安东尼·西蒙（Anthony O. Simon）在他所编辑的《与绝对的交往：耶夫·西蒙的哲学》一书中附上的参考文献。

（一）论著

1. *An Introduction to Metaphysics of Knowledge*（《知识形而上学导论》），Fordham University Press，1990.
2. *A Critique of Moral Knowledge*（《道德知识批判》），Fordham University Press，2002.
3. *The Ethiopian Campaign and French Political Thought*（《埃塞俄比亚运动与法国政治思想》），University of Notre Dame Press，2009.

4. *Nature and Functions of Authority*（《权威的性质与功能》），The Aquinas Lecture 1940，Marquette University Press，1940.

5. *Community of the Free*（《自由人的共同体》），Henry Holt and Company，1947.

6. *The Definition of Moral Virtue*（《道德德性之界定》），Fordham University Press，1986.

7. *Foresight and Knowledge*（《洞见与知识》），Fordham University Press，1996.

8. *Freedom and Community*（《自由与共同体》），Fordham University Press，1968.

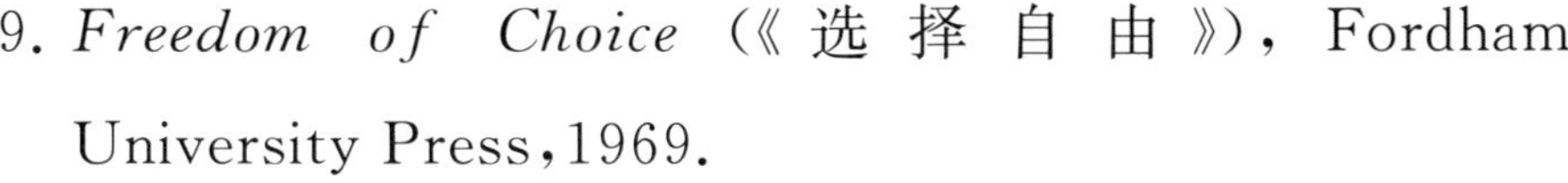

9. *Freedom of Choice*（《选择自由》），Fordham University Press，1969.

10. *A General Theory of Authority*（《权威的一般理论》），University of Notre Dame Press，1962.

11. *The Great Dialogue of Nature and Space*（《自然和空间的伟大对话》），Magi Books，1970.

12. *The March to Liberation*（《走向解放》），The Tower Press，1942.

13. *Philosophy of Democratic Government*（《民主政府哲学》），University of Chicago Press，1951.

14. *Practical Knowledge*（《实践知识》），Fordham University Press，1991.

15. *The Tradition of Natural Law：A Philosopher's Reflections*（《自然法传统：一位哲学家的反思》），Fordham University Press，1967.

16. *Work，Society and Culture*（《劳动、社会和文化》），Fordham University Press，1971.

17. *The Road to Vichy，1918—1938*（《通往维希之路：1918-1938》），Sheed & Ward，1942.

18. *Philosopher at Work*（《论文集》），Rowman & Littlefield Publishers，1999.

（二）论文和评论

1. "普鲁东的联邦主义评注"（A Note on Proudhon's Federalism），载《公共杂志》（*Publius*），Vol. 3，No. 1（1973），第19—30页。

2. "劳动和劳动者：一种哲学和社会学的研究"（Work and Workman：A Philosophical and Sociological Inquiry），载《政治学评论》（*The Review of Politics*），Vol. 2，No. 1（1940），第63—86页。

3. "劳动和财富"（Work and Wealth），载《政治学评论》

(*The Review of Politics*), Vol. 2, No. 2(1940),第197—217页。

4. "欧洲危机和法国共和国的覆灭"(The European Crisis and the Downfall of the French Republic),载《政治学评论》(*The Review of Politics*),Vol. 3,No. 1(1941),第32—64页。

5. "法国与联合国"(France and the United Nations),载《政治学评论》(*The Review of Politics*),Vol. 5,No. 1(1943),第26—37页。

6. "共同善与共同行动"(Common Good and Common Action),载《政治学评论》(*The Review of Politics*),Vol. 22,No. 2(1960),第202—244页。

7. "法西斯意识形态胜利的隐秘渊源"(Secret Sources of the Success of the Racist Ideology),载《政治学评论》(*The Review of Politics*), Vol. 7, No. 1(1945),第74—105页。

8. "存在与认知"(To Be and to Know),载《芝加哥评论》(*Chicago Review*), Vol. 14, No. 4(1961),第83—100页。

附录三

耶夫·西蒙相关研究文献

(一) 论著与文集

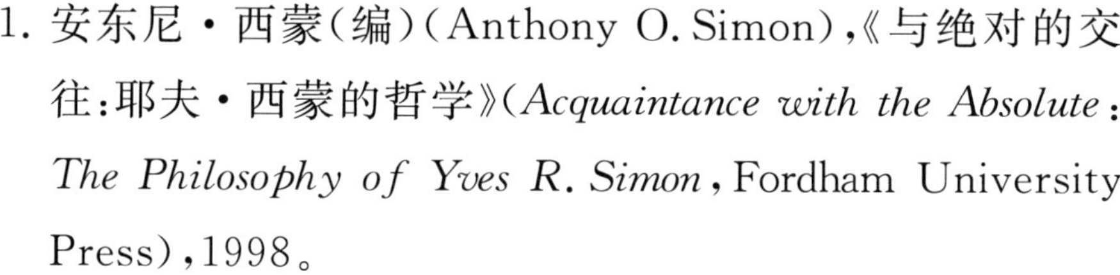

1. 安东尼·西蒙(编)(Anthony O. Simon),《与绝对的交往:耶夫·西蒙的哲学》(*Acquaintance with the Absolute: The Philosophy of Yves R. Simon*, Fordham University Press),1998。
2. 米歇尔·特惹(编)(Michael D. Torre),《现代世界中的自由:雅克·马里旦、耶夫·西蒙、莫蒂默·阿德勒》(*Freedom in the Modern World: Jacques Maritain, Yves R. Simon, Mortimer J. Adler*, University of Notre Dame Press),1989。
3. 卡普林(Diane M. Caplin),《耶夫·西蒙政治哲学中的权威、自由和共同体》(*Authority, Freedom and Community in the Political Philosophy of Yves R. Simon, St. Louis, Missouri*)(圣路易斯大学哲学系硕

士论文)，1990。

4. 奎克(Vukan Kuic)，《耶夫·西蒙：真正的民主》(*Yves R. Simon: Real Democracy*, Rowman & Littlefield)，1999。

5. 卢尔克(Thomas R. Rourke)，《比肩世界的良知：耶夫·西蒙 vs. 天主教新保守主义》(*A Conscience as Large as the World: Yves R. Simon Versus the Catholic Neoconservatives*, Rowman & Littlefield)，1997。

6. 汉库克和安东尼·西蒙(编)(Curtis L. Hancock and Anthony O. Simon)，《自由、德性与共同善》(*Freedom, Virtue and the Common Good*, University of Notre Dame Press)，1995。

7. 钱德勒(Carolyn A. Chandler)，《杜克海姆和耶夫·西蒙著作中的政治权威概念》(*The Concept of Political Authority in the Works of Emile Durkheim and Yves R. Simon*, Llubbock, Texas)(德州理工大学硕士论文)，1983。

8. 艾克姆(Ngozi Anthony Ikeme)，《耶夫·西蒙政治哲学中的民主式自由的基本原则》(*The Basic Principles of Democratic Freedom in the Political Philosophy of Yves R. Simon*, Pamplona, Spain)(西班牙纳瓦拉大学哲学系博士论文)，1993。

9. 里卡尔(John A. Lical)，《耶夫·西蒙的权威理论》

(*Yves R. Simon's Theory of Authority*, Chicago, Illinois)(芝加哥洛约拉大学哲学系硕士论文),1961。

10. 乌多登(Syvanus Iniobong Udoidem),《耶夫·西蒙社会和政治哲学中的共同善和权威》(*Authority and the Common Good in the Social and Political Philosophy of Yves R. Simon*, Washington, D. C.)(美国天主教大学哲学系博士论文),1985。

11. 瓦德(Edward P. Ward),《权威和民主:论耶夫·西蒙政治思想》(*Authority and Democracy*:*An Essay on the Politcal Thought of Yves R. Simon*, Chicago, Illinois)(芝加哥大学政治学系硕士论文),1968。

(二) 论文和评论

1. 卢尔克(Thomas R. Rourke),“米歇尔·诺瓦克与耶夫·西蒙论共同善和资本主义”(Michael Novak and Yves R. Simon on the Common Good and Capitalism),载《政治学评论》[*The Review of Politics*, Vol. 58, No. 2(1996)],第229—258页。

2. 尼克古斯基(Walter Nicgorski),“耶夫·西蒙:一位哲学家对于科学和明智的追求”(Yves R. Simon: A Philosopher's Quest for Science and Prudence),载《政治学评论》(*The Review of Politics*, Vol. 71),第

68—84 页。

3. 科赫冉(Clarke E. Cochran),“耶夫·西蒙与‘共同善’:有关该概念的一个评注”(Yves R. Simon and “The Common Good”: A Note on the Concept),载《伦理学》[*Ethics*, Vol. 88, No. 3(1978)],第 229—239 页。

4. 科赫冉(Clarke E. Cochran),“权威与共同体:卡尔·弗里德里希、耶夫·西蒙、米歇尔·波兰尼的贡献”(Authority and Community: The Contributions of Carl Friedrich, Yves R. Simon, and Michael Polanyi),载《美国政治科学评论》[*The American Political Science Review*, Vol. 71, No. 2(1977)],第 546—558 页。

5. 卢尔克(Thomas R. Rourke)和科赫冉(Clarke E. Cochran),“共同善与经济正义:耶夫·西蒙思想之反思”(The Common Good and Economic Justice: Reflections on the Thought of Yves R. Simon),载《政治学评论》[*The Review of Politics*, Vol. 54, No. 2(1992)],第 231—252 页。

6. 马里旦(Jacques Maritain),“论权威:评耶夫·西蒙的《权威的性质和功能》”(On Authority Review: On Authority),载《政治学评论》[*The Review of Politics*, Vol. 3, No. 2(1941)],第 250—254 页。

译后记

20 世纪 30 年代，在纳粹德国的各种压力下，有一大批思想精英远渡重洋来到美国，在此生活、写作、培养弟子，给这块新的土地注入欧洲大陆深厚的思想传统。耶夫·西蒙(Yves Simon)就是这批流亡者中的一员，他与阿伦特、沃格林、施特劳斯一起被誉为那个时期最杰出的一批流亡政治思想家。

西蒙涉猎极广，几乎遍及哲学的每个领域。他在芝加哥大学开设的课程包括知识的一般形而上学、爱的形而上学、伦理学基础、自然法、劳动与劳动者、科学知识批判、选择自由、德性论、存在论、生命问题、权威的一般理论等。所有这些课程都是他所构思并试图撰写的《哲学百科全书》的一部分。但因其英年早逝，致使该计划进行一小部分就戛然而止，所留下的只是一些残缺的讲课录音和手稿。

就其整个政治思想来讲，西蒙思考的核心一直围绕着权威。他生前出版的几部政治哲学著作都是有关权威的。《权威的性质与功能》是1940年在马凯特大学所做的阿奎那讲座;《民主政府哲学》则出自1951年的沃尔格林基础讲座(Charles R. Walgreen Foundation Lectures)。该讲座汇集了当时最重要的几部政治哲学著作:施特劳斯的《自然正当与历史》、沃格林的《新政治科学》、阿伦特的《论人类条件》以及西蒙的这部立足托马斯主义立场来重新解释现代民主的《民主政府哲学》。该部著作也给他带来了极高的声誉。在其生命的最后时刻,他完成了他的最后一部著作——《权威的一般理论》。

在西蒙看来,权威问题以及与之密切相关的自由问题是政治哲学思考的核心。人类自由之所以可能,在很大程度上依赖于权威。权威之重要,在过去这几百年的思想史中,尤其是在自由主义、社会主义、共产主义乃至法西斯主义这诸多现代学说中,是被极度忽视的。所有这些学说都共享这样一个基本假设:政治权威的存在是基于人的某种恶或是某种缺陷。潘恩在其《常识》一书中所倡言的"政府是人类邪恶的产物"是最为人们所传诵的名言,并成为诸多国家立国之根据。在西蒙看来,所有这些学说立基于其上的这个前提性假设是错误的。即便人类极其善良,即便共产主义所设想的那个物质充裕、人类贤良的社会得以实现,权威也照样需要存在。换言之,政治权威不会消亡,它乃基于人的自然。这从另一个侧面揭示了西蒙所承继的亚里士多德—阿奎那的政治自然主义传统,以区别于霍布斯所开启的主张政治源于创造的现代政治哲学传统。现代政治哲学的迷误就在于剥夺了权威所理应占据的位置,进而在自然状态(无政府状态)和极权主义之间来回徘徊,而其根本就在于驱逐了与权威之存在紧密相连的政治德性,尤其是审慎/明智(prudence)在政治活动中所扮演的核心角色。

对于中文世界,人们对于西蒙的名字还相当陌生。他的其中一部著作——《劳动、社会与文化》——只是几年前在一套"西方休闲研究译丛"中被很"意外地"翻译过来。为了让读者全面了解这位思想家思考所及之领域,译者整理了他已发表的著作以及相关研究文献的目录附于书后,供有兴趣的读者进一步参阅。

感谢华灵兄从哈佛大学图书馆扫描来了这本小册子的原文。感谢彭磊兄帮我翻译了文中注释部分卡耶旦的两处拉丁文文献。在这个篇幅尽管短小但其容量并不小的文本的翻译、校对以及对于相关问题的思考的过程中,黄涛、天江、沛丰、陈媛、明哲等诸多学友都给予了或是实质上的帮助、或是精神上的鼓励,在此一并感谢。同时还要感谢《政治学评论》(*The Review of Politics*)现任主编查科特(Catherine Zuckert)女士授权在此刊发马里旦"论权威"一文。

在准备翻译该文本时,我联系了耶夫·西蒙的儿子、西蒙研究所所长安东尼·西蒙,获知他患了重病。在我完成初稿再次去联系的时候,却得知西蒙先生已故去。在过去这么多年内,他为他父亲的讲稿得以面世并使世人理解这些东西的意义做了卓有成效的工作。感佩他的这份热情。谨将此译本献给那些执着于思想本身力度的人。

吴　彦

2013年深冬

于复旦江湾

图书在版编目(CIP)数据

权威的性质与功能/(法)耶夫·西蒙著;吴彦译. —北京:商务印书馆,2024
(汉译世界学术名著丛书:120年纪念版:珍藏本:增订本)
ISBN 978-7-100-23736-9

Ⅰ.①权… Ⅱ.①耶…②吴… Ⅲ.①政治哲学—研究 Ⅳ.①D0

中国国家版本馆 CIP 数据核字(2024)第 077540 号

汉译世界学术名著丛书
(120 年纪念版·珍藏本·增订本)
权威的性质与功能
〔法〕耶夫·西蒙 著
吴彦 译

商 务 印 书 馆 出 版
(北京王府井大街 36 号 邮政编码 100710)
商 务 印 书 馆 发 行
北京市十月印刷有限公司印刷
ISBN 978-7-100-23736-9

2024 年 5 月第 1 版 开本 710×1000 1/16
2024 年 5 月北京第 1 次印刷 印张 5¾
定价:30.00 元